AROMA BUCĂTĂRII CEHĂ

Descoperiți aromele bucătăriei cehe cu rețetele grozave și apetisante din bucătăria cehă: rețetă națională de mâncare din Republica Cehă

Iina Dimitrescu

Material cu drepturi de autor ©2024

Toate drepturile rezervate

Nicio parte a acestei cărți nu poate fi folosită sau transmisă sub nicio formă sau prin orice mijloc fără acordul scris corespunzător al editorului și al proprietarului drepturilor de autor, cu excepția citatelor scurte utilizate într-o recenzie. Această carte nu trebuie considerată un substitut pentru sfaturi medicale, juridice sau alte sfaturi profesionale.

CUPRINS

CUPRINS 3
INTRODUCERE 6
MIC DEJUN 7
   1. Ouă omletă cu dovlecei și chanterelles 8
   2. Chlebíčky (sandvișuri cu fața deschisă) 10
   3. Palačinky (clatite cehe) 12
   4. Ovocné Knedlíky (găluște de fructe) 14
   5. Omeleta s Houbovým Nádivkem (omletă cu ciuperci) 16
   6. Tvarohové Nákypy (Caserolă cu brânză de vaci) 18
   7. Šunková Pomazánka (Șuncă tartinată) 20
   8. Český Muesli (Muesli ceh) 22
   9. Clătite cehe cu cartofi 24
APERITIVE ȘI GUSTĂRI 26
   10. Koláčky (produse de patiserie umplute cu fructe) 27
   11. Utopenec (Cârnat murat) 29
   12. Bramboráky (clătite cu cartofi) 31
   13. Murături de dovlecei 33
   14. Castraveți murați rapid 36
   15. Ciuperci murate cehe 38
   16. Tartinată de brânză de vaci cu hrean 40
   17. Gogoși tradiționale cehe 42
   18. Pizza cehă 45
   19. Pierogi Mușcă 47
   20. Castraveți în cremă de cocos 49
   21. Bol cu hrișcă cu ciuperci 51
   22. S praz prajit slab 54
   23. Ceapă afumată și semințe de mac 56
   24. Nucă de cocos P aczki 59
   25. Șnițel de guli-rabe 61
   26. cehe cu drojdie 63
FORM PRINCIPAL 65
   27. Carne de vită marinată cu sos de smântână 66
   28. Carne de porc cu găluște și varză murată 68
   29. Sos de rosii cu pui 70
   30. Smažený Sýr (brânză prăjită) 72
   31. Galuste cu varza si carne afumata 74
   32. Hovězí Guláš (Gulash de vită) 76
   33. Svíčková na Houbách (Mușchiu cu ciuperci) 78
   34. Rață friptă cu sos acru 80
   35. Bramborový Guláš (Gulash de cartofi) 82
   36. Spanac cu găluște de cartofi 84

37. Utopenci (Carnati murati) 86
38. Sos de ciuperci cu paste 88
39. Bigos vegetarian 90
40. găluște sileziene 92
41. R gheata cu mere 94
42. Tăitei și găluște cehe 96
43. Macaroane cu căpșuni 98
44. Sarmale cehe 100
45. ceh cu prune 102

SUPE 104
46. Tarator (Supă de castraveți) 105
47. Supă de cartofi 107
48. Gulas ceh (Skvělý Hovězí Guláš) 109
49. Supă de murături acru 111
50. Borș 113
51. de căpșuni / afine 115
52. Supă de varză 117
53. Supa de legume 119
54. Supă de roșii 121
55. Supă de murături 123
56. Supă de secară acru 125
57. Supă de sfeclă răcită 127
58. Supă de fructe 129
59. Supă de cartofi 131
60. Supă de lămâie 133
61. Supă cehă de guli-rave 135
62. Supa de sparanghel 137

SALATE ȘI LUTURI 139
63. Bramborový Salat (Salata de cartofi) 140
64. Salata de rosii cu mozzarella 142
65. Okurkový Salat (Salata de castraveți) 144
66. Houbový Salat (Salata de ciuperci) 146
67. Knedlíky (găluște de pâine cehă) 148
68. Zelí (varză murată cehă) 150
69. Salata de crap cu cartofi 152
70. Špenátová Kase (cremă de spanac) 154
71. Salată de sfeclă (ćwikła) 156
72. B varza rosie crescuta cu zmeura 158
73. Salata de telina si portocale 160
74. Salata de legume 162
75. Varză roșie dulce-acrișoară 164

DESERTURI 166
76. Jablečný Závin (strudel cu mere) 167

77. Tort bundt cu drojdie de dovleac 169
78. Napolitane 171
79. plăcintă cu mere de sărbători 173
80. Biscuiți din turtă dulce de cartofi 175
81. Tocană de prune 177
82. Marmeladă 179
83. Cehul Kisiel 181
84. Budincă cehă cu cremă de vanilie 183
85. Fudge cu cremă cehă 185
86. ceh Migdale în prune de ciocolată 187

BĂUTURI 189
87. Punch de vacanță cehă 190
88. Lichior de vișine 192
89. Vodcă fiertă 194
90. Lichior de prune violet 196
91. Bere de ienupăr 198
92. Limonadă cu rubarbă 200
93. Hidrol fierbinte 202
94. Cafea cehă 204
95. Răcitor de lămâie și castraveți 206
96. Ciocolată caldă cehă 208
97. Cireașă Martini 210
98. Potârnichie Într-un Par 212
99. Cordial de căpșuni cehe 214
100. Vodcă cehă cu ananas 216

CONCLUZIE 218

INTRODUCERE

Bine ați venit la „Aroma Bucătăriei Cehe", o călătorie senzorială prin 100 de arome din bucătăriile boeme care definesc lumea bogată și aromată a bucătăriei cehe. Această carte este o sărbătoare a tradițiilor aromatice și reconfortante care au modelat bucătăria cehă, invitându-vă să explorați mirosurile, aromele și moștenirea culinară a regiunii. Alăturați-vă nouă în timp ce ne cufundăm în aromele pline de căldură care emană din bucătăriile boeme, creând o simfonie de parfumuri încântătoare care surprind esența gătitului ceh.

Imaginați-vă o bucătărie plină de parfumurile îmbietoare ale tocanelor savuroase, produse de patiserie proaspăt coapte și găluște copioase. „Aroma bucătăriei cehe" este mai mult decât o simplă colecție de rețete; este o călătorie în tapiseria culturală și culinară a bucătăriei cehe, unde fiecare aromă spune o poveste despre tradiție, căldură și bucuria de a ne aduna în jurul mesei. Indiferent dacă aveți rădăcini cehe sau pur și simplu sunteți atras de aromele bucătăriei din Europa Centrală, aceste rețete sunt concepute pentru a vă inspira să recreați aromele autentice care fac gătitul ceh atât de special.

De la gulaș clasic la kolaches dulci, fiecare aromă este o sărbătoare a aromelor diverse și reconfortante care definesc bucătăria cehă. Fie că plănuiți o cină de familie sau că explorați deliciile produselor de patiserie cehe, această carte este resursa dvs. ideală pentru a experimenta întregul spectru de arome boeme.

Alăturați-vă nouă în timp ce pornim într-o călătorie aromatică prin „Aroma bucătăriei cehe", unde fiecare creație este o mărturie a mirosurilor și aromelor care definesc tradițiile pline de căldură ale bucătăriei cehe. Așadar, îmbrăcați-vă șorțul, îmbrățișați aromele primitoare și haideți să ne scufundăm în parfumurile încântătoare care fac din bucătăria cehă o experiență cu adevărat senzorială.

MIC DEJUN

1.Ouă omletă cu dovlecei și chanterelles

INGREDIENTE:
- 4 ouă
- 1/2 dovlecel, tăiat în felii subțiri
- pumn mare de chanterelles, tăiate mare în jumătate
- 50 de grame de cârnați, tăiați în felii subțiri
- 1 ceapă mică, tăiată mărunt
- 50 g mozzarella rasa
- 1 lingura de unt
- 1/3 cană lapte sau smântână
- piper, sare

INSTRUCȚIUNI:
a) Într-un castron mediu, bateți ouăle cu lapte sau smântână.
b) Puneti untul in tigaia medie la foc mediu, adaugati carnati, ceapa si gatiti 2-3 minute. Apoi, adăugați dovlecelul cu ciuperci și gătiți până se înmoaie.
c) Reduceți focul la mic, adăugați amestecul de ouă, gătiți până sunt amestecate după bunul plac, apoi amestecați mozzarella.
d) Se condimentează cu sare și piper și se servește cu pâine prăjită.

2.Chlebíčky (sandvișuri cu fața deschisă)

INGREDIENTE:
- Pâine feliată
- Unt
- Şuncă sau salam
- Brânză
- Oua fierte tari
- Legume proaspete (de exemplu, roşii, castraveţi)
- Maioneză
- Muştar
- patrunjel proaspat (pentru garnitura)

INSTRUCŢIUNI:
a) Întindeţi unt pe pâinea feliată.
b) Se adaugă şuncă sau salam, brânză şi felii de ouă fierte tari.
c) Adăugaţi legume proaspete deasupra.
d) Stropiţi cu maioneză şi muştar.
e) Se ornează cu pătrunjel proaspăt.

3.Palačinky (clatite cehe)

INGREDIENTE:
- 2 căni de făină universală
- 2 cani de lapte
- 2 ouă mari
- 2 linguri de zahar
- 1/2 lingurita sare
- Unt (pentru unge tava)

INSTRUCȚIUNI:
a) Într-un castron, amestecați făina, laptele, ouăle, zahărul și sarea până se omogenizează.
b) Se incinge o tigaie si se unge cu unt.
c) Se toarnă un polonic de aluat pe tigaie, rotind pentru a acoperi fundul.
d) Gatiti pana se ridica marginile, apoi intoarceti si gatiti cealalta parte.
e) Repetați până se termină aluatul.

4.Ovocné Knedlíky (găluște de fructe)

INGREDIENTE:
- 2 cani de piure de cartofi
- 2 căni de făină universală
- 2 ouă mari
- Sare
- Fructe asortate (prune, capsuni)
- Unt
- Zahăr pudră

INSTRUCȚIUNI:
a) Amestecați piureul de cartofi, făina, ouăle și un praf de sare pentru a forma un aluat.
b) Împărțiți aluatul în porții și aplatizați fiecare.
c) Pune o bucată de fruct în centru, apoi sigilează aluatul în jurul ei.
d) Se fierbe în apă cu sare până când găluștele plutesc.
e) Scurgeți, ungeți cu unt și stropiți cu zahăr pudră.

5.Omeleta s Houbovým Nádivkem (omletă cu ciuperci)

INGREDIENTE:
- 3 oua
- 1/2 cană ciuperci, feliate
- 1/4 cana ceapa, tocata marunt
- 1/4 cană ardei gras, tăiat cubulețe
- Sare si piper dupa gust
- Unt sau ulei pentru gătit

INSTRUCȚIUNI:
a) Se calesc ciupercile, ceapa si ardeiul gras in unt pana se inmoaie.
b) Bateți ouăle și turnați peste legumele din tigaie.
c) Gatiti pana se fixeaza marginile, apoi pliati omleta in jumatate.
d) Se condimentează cu sare și piper.

6.Tvarohové Nákypy (Caserolă cu brânză de vaci)

INGREDIENTE:
- 2 căni de brânză de vaci
- 3 oua
- 1/2 cană zahăr
- 1/4 cană gris
- 1/4 cană stafide
- 1 lingurita extract de vanilie
- unt (pentru uns)

INSTRUCȚIUNI:
a) Preîncălziți cuptorul la 350°F (175°C) și ungeți o tavă de copt cu unt.
b) Într-un castron, amestecați brânza de vaci, ouăle, zahărul, grisul, stafidele și extractul de vanilie.
c) Se toarnă amestecul în tava de copt și se coace până se întărește și devine auriu.

7.Šunková Pomazánka (Șuncă tartinată)

INGREDIENTE:
- 1 cana sunca fiarta, tocata marunt
- 1/2 cană cremă de brânză
- 2 linguri maioneza
- 1 lingură muștar de Dijon
- Arpagic, tocat
- Sare si piper dupa gust

INSTRUCȚIUNI:
a) Într-un castron, combinați șunca tocată, crema de brânză, maioneza, muștarul de Dijon și arpagicul.
b) Se amestecă până se combină bine.
c) Se condimenteaza cu sare si piper dupa gust.
d) Se întinde pe pâine sau biscuiți.

8.Český Muesli (Muesli ceh)

INGREDIENTE:
- 1 cană de ovăz
- 1 cană iaurt
- 1/2 cană lapte
- 1 lingura miere
- Fructe proaspete (fructe de pădure, felii de banane)
- Nuci și semințe (opțional)

INSTRUCȚIUNI:
a) Într-un castron, amestecați ovăzul, iaurtul, laptele și mierea.
b) Lăsați-l să stea la frigider peste noapte sau cel puțin 30 de minute.
c) Înainte de servire, acoperiți cu fructe proaspete și nuci și semințe opționale.

9.Clătite cehe cu cartofi

INGREDIENTE:
- 2 cartofi rumeni mari, cruzi
- 1/4 cană ceapă
- 1 lingură de făină
- 1/2 lingurita sare
- Piper dupa gust
- 3 lingurite ulei, impartit, pentru prajit

INSTRUCȚIUNI:
a) Intr-un robot de bucatarie, combinati cartofii curatati si tocati si ceapa. Procesați timp de 30 de secunde sau până când bulgări nu mai sunt vizibile.
b) Scurgeți timp de 5 minute sau mai mult într-o strecurătoare cu plasă fină, pusă peste un castron.
c) Îndepărtați lichidul scurs cu grijă, dar păstrați amidonul alb care s-a acumulat în partea de jos.
d) Adăugați amestecul de cartofi/ceapă scurs, făina, sare și piper la amidon.
e) Se încălzește 1/2 linguriță de ulei într-o tigaie de fontă la foc mediu. Umpleți tava cu 1/4 de cană movile, turtindu-le pe fiecare la o grosime uniformă.
f) Gatiti aproximativ 3 minute pe fiecare parte, adaugand 1/2 lingurita de ulei dupa cum este necesar. Dacă nu aveți fontă, gătiți-le la foc mediu mare, ceea ce va dura ceva mai mult.

Aperitive și gustări

10.Koláčky (produse de patiserie umplute cu fructe)

INGREDIENTE:
- Foi de foietaj
- Dulceata de fructe sau conserve (caise, prune, zmeura)
- Zahăr pudră pentru pudrat

INSTRUCȚIUNI:
a) Întindeți foi de foietaj și tăiați-le în pătrate.
b) Așezați câte o cupă mică de dulceață de fructe în centrul fiecărui pătrat.
c) Îndoiți aluatul peste dulceață, formând un triunghi sau dreptunghi.
d) Apăsați marginile pentru a sigila și coaceți până devin aurii.
e) Pudrați cu zahăr pudră înainte de servire.

11.Utopenec (Cârnat murat)

INGREDIENTE:
- Cârnați cehi (utopenec)
- Murături
- Ceapa, feliata subtire
- Muștar și pâine (opțional)

INSTRUCȚIUNI:
a) Tăiați cârnații și murăturile în bucăți mici.
b) Se amestecă cu ceapa tăiată felii subțiri.
c) Serviți ca gustare cu scobitori.
d) Opțional, întindeți muștar pe pâine și acoperiți cu amestecul.

12. Bramboráky (clătite cu cartofi)

INGREDIENTE:
- 4 cartofi mari, rasi
- 1 ceapa, tocata marunt
- 2 oua
- 3 linguri de făină universală
- Sare si piper dupa gust
- Ulei pentru prajit

INSTRUCȚIUNI:
a) Radeți cartofii și stoarceți excesul de umiditate.
b) Se amestecă cu ceapa tocată, ouăle, făina, sare și piper.
c) Se încălzește ulei într-o tigaie și se aruncă linguri de amestec.
d) Se aplatizează și se prăjește până devin aurii pe ambele părți.
e) Se serveste cu smantana sau sos de mere.

13. Murături de dovlecei

INGREDIENTE:
- 3 kg dovlecei (un amestec de galben și verde)
- 5 linguri sare
- 500 g ceapa
- 500 g morcov, tocat
- 1 kg ardei roșu, tăiat cubulețe
- 250 ml oțet dublu (10%)
- 200 g zahăr granulat
- 1 lingurita boabe de ienibahar
- 1/2 lingurita chilli macinat
- 3 lingurițe de semințe de muștar alb
- 1 lingura boabe de piper negru
- 1 lingurita seminte de coriandru
- 6 frunze de dafin
- ulei vegetal

INSTRUCȚIUNI:

a) Spălați bine dovleceii, dar nu-i curățați de coajă. Cu un curățător de legume, mărunțiți sau feliați în bucăți lungi și subțiri. Se adaugă într-un bol de mixare și se condimentează cu 3 linguri de sare. Combinați toate ingredientele într-un castron și lăsați deoparte 2 până la 3 ore.

b) Curățați și feliați ceapa, apoi puneți-o într-un bol separat cu sarea rămasă și amestecați bine. Lăsați 2 până la 3 ore pentru preparare.

c) Scurgeți lichidul care s-a adunat în dovlecei și ceapă. Într-un lighean mare, combinați dovleceii, ceapa, morcovul mărunțit și ardeiul tăiat felii.

d) Aduceți oțetul la fiert într-o cratiță, apoi adăugați zahărul și condimentele (cu excepția foii de dafin). Cât timp sosul este încă fierbinte, se toarnă peste legume. 3 ore de marinare

e) a) Sterilizați borcanele prin transferul de legume și lichid în ele. Închideți borcanele cu capace și adăugați la fiecare 1 frunză de dafin și 1 lingură de ulei.

f) Într-o oală mare căptușită cu un prosop curat, așezați borcanele și adăugați suficientă apă fierbinte pentru a ajunge la 3/4 din marginea borcanelor.

g) Aduceți la fierbere, apoi procesați timp de 20 până la 30 de minute într-o baie de apă clocotită într-o tigaie tapetată cu un prosop curat, cu apă fierbinte ajungând la 3/4 din borcanele.

14. Castraveți murați rapid

INGREDIENTE:
- 1/2 ceapa, tocata marunt
- 75 ml otet alb
- 100 g zahăr tos
- 3/4 lingura sare
- 1 castravete, spalat si taiat felii subtiri

INSTRUCȚIUNI:

a) Combinați ceapa tocată, oțetul, zahărul și sarea într-un lighean mic.

b) Dați la frigider cel puțin 30 de minute înainte de servire, amestecând cu castraveți tăiați felii.

15. Ciuperci murate cehe

INGREDIENTE:
- 1,5 kg ciuperci mici
- 2 lingurite sare
- 250 ml 10% oțet alb
- 750 ml apă
- 1 ceapă, tăiată rondele
- 1 1/2 linguriță sare
- 3 până la 4 lingurițe de zahăr
- 10 boabe de piper negru
- 3 boabe de ienibahar
- 1 frunză de dafin

INSTRUCȚIUNI:
a) Folosind o cârpă uscată, tăiați și curățați ciupercile. Gatiti 30 de minute la foc mic dupa ce ati transferat intr-o tigaie cu 2L de apa clocotita si 2 linguri de sare.

b) Combinați oțetul și 750 ml apă într-un bol de amestecare. Combinați ceapa, 1 1/2 linguriță de sare, zahăr, boabe de piper, ienibahar și frunza de dafin într-un castron mare. Se aduce la fierbere, apoi se reduce la foc mic timp de 5 minute.

c) Puneți ciupercile fierte în borcane minuscule sterilizate după scurgere. Închideți bine capacele și acoperiți cu saramură fierbinte. Lăsați să se răcească înainte de a da la frigider timp de 3 până la 4 săptămâni înainte de servire.

16. Tartinată de brânză de vaci cu hrean

INGREDIENTE:
- 1 cană brânză de vaci
- 2 linguri de hrean ras
- Sare si piper dupa gust
- Mărar proaspăt tocat
- Pâine sau biscuiți pentru servire

INSTRUCȚIUNI:
a) Într-un castron, amestecați brânza de vaci și hreanul ras.
b) Se condimenteaza cu sare si piper dupa gust.
c) Se presară deasupra mărar proaspăt tocat.
d) Se întinde pe pâine sau biscuiți.

17. Gogoși tradiționale cehe

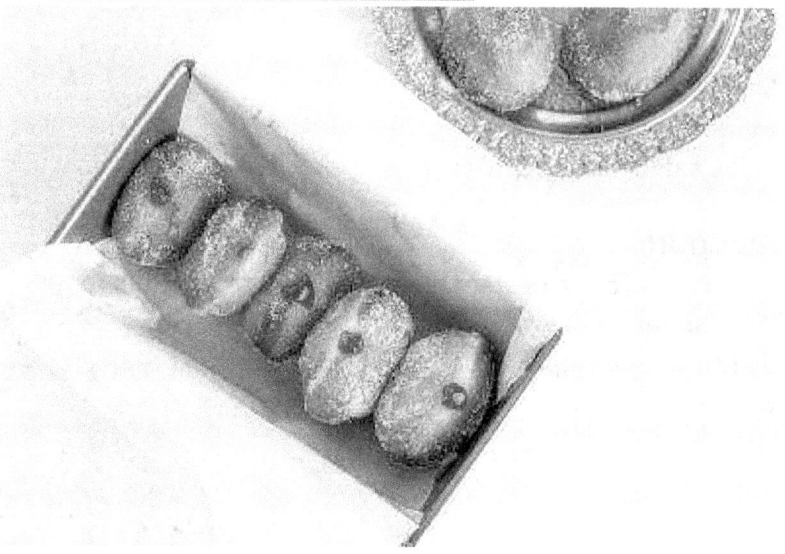

INGREDIENTE:
- 2 pachete drojdie uscată activă (4 1/2 linguriţe)
- 1 1/2 cană de lapte pe bază de plante, cald, aproximativ 110 F
- 1/2 cană zahăr granulat
- 1/2 cană unt de cocos, la temperatura camerei
- 1 lingura rachiu sau rom
- 1 lingurita sare
- 4 1/2 până la 5 căni de făină universală
- 1 galon de ulei vegetal, pentru prăjire
- Aproximativ 1/2 cană zahăr granulat, pentru rulat g
- Aproximativ 1/2 cană zahăr cofetar, pentru rulat
- 1 cană gem sau pastă de fructe, pentru umplutură, opţional

INSTRUCŢIUNI:
a) Într-un castron mic, dizolvaţi drojdia în laptele cald pe bază de plante. Pune deoparte după amestecare pentru a se dizolva.
b) Combinaţi zahărul şi untul de cocos într-un castron mare sau într-un mixer cu suport prevăzut cu accesoriul cu paletă, până devine spumos.
c) Se bate rachiul sau romul, precum si sarea, pana se omogenizeaza bine.
d) Folosind ataşamentul cu palete, adăugaţi alternativ 4 1/2 căni de făină şi amestecul de lapte şi drojdie pe bază de plante. Cu maşina, bateţi timp de 5 minute sau mai mult până se omogenizează, sau cu mâna pentru mai mult timp.
e) Într-un bol uns cu ulei, puneţi aluatul. Întoarceţi tigaia pentru a unge cealaltă parte.
f) Acoperiţi partea de sus cu folie de plastic şi lăsaţi să crească timp de 1 până la 2 1/2 ore sau până când îşi dublează volumul.
g) Făină o suprafaţă uşor făinată şi întinde aluatul. Pat sau rulaţi la o grosime de 1/2 inch. Pentru a evita risipa, utilizaţi un tăietor de biscuiţi de 3 inci pentru a tăia rondele apropiate.
h) Înainte de prăjire, acoperiţi foaia cu o cârpă umedă şi lăsaţi rondelele să crească până îşi dublează masa, aproximativ 30 de minute.

i) Încălziți uleiul într-o tigaie mare sau într-o cuptor olandez la 350 de grade F. Puneți câteva pczki în creștere în ulei cu partea de sus în jos (partea uscată) și gătiți timp de 2 până la 3 minute sau până când fundul este maro auriu.

j) Întoarceți-le și gătiți încă 1-2 minute sau până când devin maro auriu. Asigurați-vă că uleiul nu devine prea fierbinte, astfel încât exteriorul să nu se rumenească înainte ca interiorul să fie finalizat. Verificați unul rece pentru a vedea dacă este complet gătit. Timpul de gătire și căldura uleiului trebuie ajustate corespunzător.

k) Cât este încă cald, rulați în zahăr granulat. Dacă doriți să le umpleți, faceți o gaură în partea laterală a pczki-ului și stoarceți în ea o bucată mare din umplutura la alegere cu o pungă de patiserie. Apoi presară zahăr granulat, zahăr de cofetă sau o glazură de glazură peste pczki umplut.

l) Pczki nu se păstrează bine, așa că mănâncă-le imediat sau congela-le dacă vrei cea mai bună aromă. Bucurați-vă.

18. Pizza cehă

INGREDIENTE:
- 1 lingurita unt de cocos
- ½ ceapă, tăiată cubulețe
- 1 cutie (4 oz) de ciuperci feliate, scurse
- Sare si piper (dupa gust)
- ½ baghetă franțuzească, tăiată în jumătate pe lungime
- 1 c . brânză
- Ketchup (în sus)

INSTRUCȚIUNI:

a) Preîncălziți cuptorul la 400 de grade Fahrenheit.

b) Încinge uleiul într-o tigaie mare antiaderentă. Se calesc ceapa si ciupercile timp de 5 minute sau pana se inmoaie. Se condimenteaza cu sare si piper dupa gust.

c) Pe o foaie de copt, aranjați jumătăți de baghetă (sau felii de pâine). Adaugam deasupra amestecul de ciuperci si branza.

d) Coaceți timp de 10 minute, sau până când brânza devine maro aurie și se topește.

e) Serviți cu ketchup în lateral.

19.Pierogi Muşcă

INGREDIENTE:
- 14 felii de bacon, tăiate în jumătate
- Mini pierogii de cartofi de 12 uncii, dezghețați
- 1/4 cană zahăr brun deschis

INSTRUCȚIUNI:
a) Preîncălziți cuptorul la 400°F. Folosind spray de gătit, acoperiți o foaie de copt cu ramă.
b) Înfășurați slănină în jurul centrului fiecărui pierogi și puneți-l pe tava de copt. Zahărul brun trebuie distribuit uniform.
c) Coaceți timp de 18 până la 20 de minute la 350 ° F.

20. Castraveți în cremă de cocos

INGREDIENTE:
- 1 castravete mare, cu sau fără semințe, feliat subțire
- 1 ceapa taiata felii subtiri si despartita in rondele
- 1/2 cana crema de cocos
- 1 lingurita zahar
- 2 lingurite otet alb (optional)
- 1 lingură mărar proaspăt tocat
- sare si piper

INSTRUCȚIUNI:

a) Combinați crema de cocos, oțetul, zahărul și piperul într-un castron de servire.

b) Adăugați castraveții și ceapa și amestecați pentru a se combina.

21.Bol cu hrișcă cu ciuperci

INGREDIENTE:
- 2 cepe
- 1 morcov
- 2 catei de usturoi
- 45 g unt de cocos
- 150 g ciuperci nasturi
- 150 g hrișcă
- 1 frunză de dafin
- 1 cub de supa de legume
- O mână de mărar, doar frunze
- 50 g rachetă
- 150 g iaurt pe bază de plante
- Sare de mare
- Piper proaspăt măcinat
- 1 lingura ulei de masline
- 400 ml apă clocotită

INSTRUCȚIUNI:
a) Tăiați ceapa în felii fine după ce le curățați. Morcovii trebuie curatati de coaja si tocati marunt. Usturoiul trebuie decojit și răzuit sau zdrobit.
b) Adăugați în tigaie ceapa, untul de cocos și un strop de sare și piper. Gatiti si amestecati timp de 5-8 minute sau pana cand ceapa devine moale si are o culoare aurie intens - reduceti focul daca se rumeneste prea mult sau prea repede.
c) Adăugați morcovii, usturoiul și ciupercile în tigaie și amestecați pentru a se combina. Gatiti 5 minute, amestecand din cand in cand, pana cand ciupercile sunt umede.
d) Adăugați hrișca și frunza de dafin și amestecați pentru a se combina. În cubul de stoc, se sfărâmă. Se toarnă 400 ml apă clocotită în oală.
e) Se fierbe timp de 12-15 minute, sau până când apa s-a evaporat și hrișca este moale, dar încă fermă.
f) Scoateți frunzele moi de pe crenguțele de mărar și tăiați-le grosier în timp ce hrișca fierbe. Tăiați racheta în bucăți mici.
g) Gustați hrișca și asezonați cu puțină sare sau piper dacă doriți. Adăugați cea mai mare parte din mărar și rucola cu o furculiță. Umpleți bolurile încălzite până la jumătate cu hrișcă.
h) Se ornează cu linguri de iaurt pe bază de plante și cu rucola și mărar ramase.

22.S praz prajit slab

INGREDIENTE:
- 4 praz
- ¼ cană ulei de măsline
- 1 lingură sare de mare

INSTRUCȚIUNI:
a) Se amestecă prazul cu ulei de măsline și sare într-un lighean mare până se îmbracă bine. Puneți prazul cu partea tăiată în jos pe o tavă de copt pregătită.
b) Înveliți cu grijă foaia de copt în folie - nu trebuie să fie complet sigilată, dar trebuie să fie cât mai strânsă. Introduceți foaia de copt în cuptor și reduceți temperatura la 300 de grade.
c) Coaceți timp de 15 până la 30 de minute sau până când prazul este moale. Scoateți foaia din cuptor și întoarceți prazul. Reveniți la cuptor, ridicați temperatura la 400 ° F și coaceți timp de 15-20 de minute sau până când devine crocant și auriu.

23. Ceapă afumată și semințe de mac

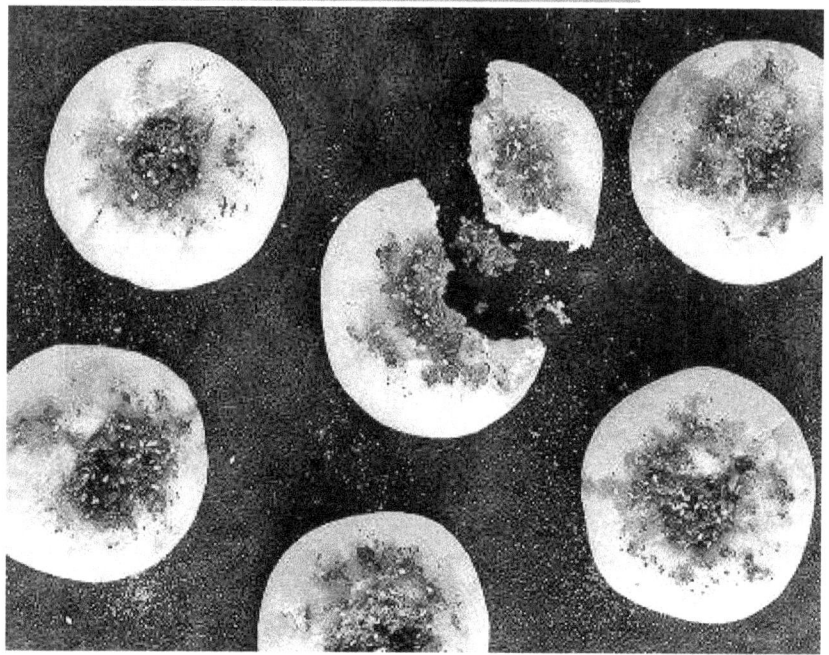

INGREDIENTE:
- ceapa 1 mare, curatata de coaja si feliata gros
- drojdie uscată activă 1 linguriță
- făină de pâine albă tare 300g
- făină simplă 175g, plus mai mult pentru pudrat
- sare de mare 1½ linguriță
- făină simplă 50g
- drojdie uscată activă ½ linguriță
- ulei de măsline 1 lingură
- sare de mare afumată ¼ linguriță
- boia dulce afumată ¼ linguriță
- seminte de mac 1 lingurita, plus un praf in plus pentru stropire
- seminte de susan cateva ciupituri

INSTRUCȚIUNI:
a) Într-un vas de amestecat, combinați făina și drojdia cu 50 ml apă caldă, apoi acoperiți cu folie alimentară și lăsați deoparte peste noapte.
b) Începeți aluatul a doua zi punând ceapa într-o tigaie mică cu 150 ml apă. Încinge apa până când începe să bule, apoi scoate-o de pe foc.
c) Scoateți din cuptor și lăsați deoparte să se răcească la temperatura camerei. Turnați apa într-un vas de măsurat și asigurați-vă că este de 150 ml; daca nu este, adauga mai multe. Pune ceapa deoparte pentru mai târziu.
d) Între timp, combinați drojdia și 100 ml apă căldută într-un castron și lăsați deoparte timp de 10-15 minute, sau până devine spumos.
e) Se toarnă făinile într-un mixer cu suport prevăzut cu un cârlig de aluat și se adaugă starter-ul și apa de ceapă după ce amestecul de drojdie a făcut spumă.
f) Începeți să amestecați la viteză mică pentru a combina aluatul, apoi creșteți la viteza medie și frământați aluatul timp de 5 minute.
g) Frământați încă un minut după ce ați adăugat sarea.
h) framantam 10-15 minute pe o suprafata de lucru usor infainata cu mainile). Lăsați aluatul să își dubleze volumul într-un mediu cald timp de până la 2 ore, acoperit cu folie alimentară unsă.

i) Loviți aluatul de câteva ori pentru a-l doborî înapoi, apoi tăiați-l în 8 bucăți egale.
j) Întindeți aluatul în cercuri plate, făcând găuri în mijloc pentru a oferi o înmuiare pentru umplutură și puneți-l pe o tavă de copt cu făină.
k) Când toate formele sunt complete, acoperiți ușor cu folie alimentară sau un prosop umed. Lăsați încă 20 de minute de creștere până când se umflă și se rotunde.
l) Faceți umplutura în timp ce aluatul crește. Tăiați mărunt ceapa albită și puneți-o într-o tigaie mică cu ulei. Se prajesc pana se topesc si devin aurii, apoi se adauga sarea de mare afumata si boia de ardei, amestecand continuu. Mai fierbeți câteva minute, apoi adăugați semințele de mac și un praf de piper negru. Misto
m) Preîncălziți cuptorul la 220 de grade Celsius/ventilator 200 de grade Celsius/gaz 7. Când bialys-urile sunt gata de copt, puneți aproximativ 1 lingură de ceapă în centrul fiecăreia și acoperiți cu semințe de mac și susan.
n) Puneți o tavă adâncă răsturnată deasupra bialysului și puneți deasupra o greutate rezistentă la cuptor - o tavă mare de copt sau chiar un bloc.
o) Coaceți 15 minute, apoi scoateți tava și continuați să coaceți încă 5-8 minute, până când bialys-urile sunt ușor aurii.

24. Nucă de cocos Paczki

INGREDIENTE:
- 1 1/3 cană lapte de cocos pe bază de plante
- 1/3 cană zahăr
- 2 lingurite pline de drojdie
- 1/2 lingurita sare
- 1 lingurita de vanilie
- Câteva shake-uri de nucșoară și cardamom (opțional)
- 2 3/4 căni de făină universală

INSTRUCȚIUNI:

a) Într-un castron mare, combinați toate ingredientele, cu excepția făinii.

b) Frământați aluatul doar cât să-l aduceți împreună.

c) Acoperiți vasul cu folie de plastic și lăsați să crească timp de 2 ore sau până când se dublează.

d) Turnați ușor aluatul pe o masă înfăinată. Tăiați în rondele după ce s-a întins la o grosime de 1/2 inch.

e) Așezați gogoșile pe o foaie de prăjituri tapetată cu pergament, care a fost făinată. Acoperiți cu folie de plastic și lăsați deoparte încă o oră să crească.

f) În friteuza, încălziți puțin ulei vegetal.

g) Se prăjesc 2-3 minute pe fiecare parte, apoi se scurg pe prosoape de hârtie să se răcească înainte de a umple.

h) Folosind o pungă de patiserie și un vârf, umpleți cu dulceață sau cremă și rulați în zahăr pudră sau granulat. Bucurați-vă!

25. Șnițel de guli-rabe

INGREDIENTE:
- 1 guli-rabe mare
- ulei de prajit
- 1/4 cană făină universală (puteți să o înlocuiți cu făină de besan sau de soia)
- 1/2 cană apă
- 1/2 lingurita boia praf
- 1/2 lingurita sare

PÂNIREA
- 1/3 cană pesmet
- 1/2 lingurita sare
- 1/2 lingurita boia praf
- 1 linguriță de semințe de dovleac zdrobite (opțional)
- 1 lingurita de seminte de susan (optional)

INSTRUCȚIUNI:
a) Spălați guli-rabe și îndepărtați toate frunzele rămase. guli-rabe trebuie tăiat în 4-6 felii (aproximativ 1/3 inch grosime). Folosind un curățător de legume, îndepărtați stratul exterior.

b) Aduceți apă la fiert într-o oală mare și adăugați feliile de guli-rabe. Lăsați timp de gătit 10 minute. În centru, ar trebui să înceapă să devină translucide. Apoi scurgeți-le, uscați-le cu prosoape de hârtie și lăsați-le să se răcească.

c) Combinați ingredientele pentru pâine într-un castron separat.

d) Acoperiți feliile de guli-rabe în pâine când sunt suficient de rece pentru a fi manipulate.

e) Se încălzește uleiul într-o tigaie mare (suficient cât să acopere fundul) și se adaugă șnițelul de guli-rave pane. Gatiti aproximativ 5 minute pe fiecare parte la foc mediu-mare. Pe ambele părți, trebuie să fie aurii și crocante.

f) Așezați-le pe un prosop de hârtie pentru a absorbi excesul de ulei după prăjire și bucurați-vă!

26.cehe cu drojdie

INGREDIENTE:
- 225 g făină universală
- 240 ml lapte cald pe bază de plante
- 1⅙ lingurita drojdie cu actiune rapida aprox. 4 g
- 1 lingura zahar
- Vârf de cuțit de sare
- 5 linguri ulei vegetal
- Pentru compot
- 1,5 cani de fructe de padure proaspete sau congelate
- 1 lingura sirop de artar
- ¼ linguriță pastă sau extract de boabe de vanilie

INSTRUCȚIUNI:
a) Preîncălziți cuptorul la cea mai scăzută setare posibilă.
b) Într-un castron mare, amestecați drojdia și zahărul în laptele vegetal cald timp de aproximativ 30 de secunde.
c) Se toarnă făina, se adaugă un praf de sare și se amestecă 2-3 minute. Acoperiți vasul cu o cârpă și puneți-l în centrul cuptorului pentru 50-60 de minute până când își dublează volumul.
d) Se încălzește 1-2 lingurițe de ulei într-o tigaie mare, apoi se reduce focul și se aruncă linguri de aluat în tigaie (fără a o supraaglomera). Aluatul va fi lipicios.
e) Prăjiți clătitele aproximativ 21/2 minute pe fiecare parte la foc mic. Serviți imediat.
f) Pentru a pregăti compotul de fructe, combinați fructele, siropul de arțar și vanilia într-o cratiță și gătiți timp de 5 minute la foc mediu sau până când fructele se înmoaie și începe să elibereze sucul.

FORM PRINCIPAL

27. Carne de vită marinată cu sos de smântână

INGREDIENTE:
- 2 kg muschi de vita
- 2 cepe, tocate
- 2 morcovi, tocați
- 2 tulpini de telina, tocate
- 2 cesti supa de vita
- 1 cană smântână groasă
- 1/2 cană oțet de vin alb
- 1/4 cană ulei vegetal
- 3 linguri de făină universală
- 2 linguri muștar dijon
- Sare si piper dupa gust
- 1 frunză de dafin
- 5 boabe întregi de ienibahar

INSTRUCȚIUNI:
a) Marinați carnea de vită într-un amestec de ceapă, morcovi, țelină, oțet, ulei, sare și piper timp de câteva ore.
b) Scoateți carnea de vită din marinată, prăjiți până se rumenește.
c) Transferați într-o oală, adăugați marinata, bulionul de vită, frunza de dafin și ienibaharul.
d) Se fierbe până când carnea este fragedă.
e) Scoateți carnea, strecurați bulionul și adăugați smântână, făină și muștar.
f) Gatiti pana se ingroasa sosul. Tăiați carnea de vită și serviți cu sos.

28. Carne de porc cu găluște și varză murată

INGREDIENTE:
- 2 kilograme de umăr de porc, feliate
- 1 ceapa, tocata
- 2 catei de usturoi, tocati
- 1 linguriță de semințe de chimen
- Sare si piper dupa gust
- 4 căni de varză murată
- 1 lingura ulei vegetal
- Găluște (cumpărate din magazin sau de casă)

INSTRUCȚIUNI:
a) Asezonați carnea de porc cu sare, piper și semințe de chimen.
b) Se caleste carnea de porc in ulei pana se rumeneste.
c) Adăugați ceapa și usturoiul, gătiți până se înmoaie.
d) Adăugați varza murată, acoperiți și fierbeți până când carnea de porc este gătită.
e) Pregătiți găluște conform pachetului sau rețetei.
f) Serviți carnea de porc peste găluște cu varză murată.

29.Sos de rosii cu pui

INGREDIENTE:
- 4 piept de pui
- 2 linguri ulei vegetal
- 1 ceapa, tocata
- 2 catei de usturoi, tocati
- 2 cani de piure de rosii
- 1 cană supă de pui
- 1 lingurita zahar
- 1 lingurita maghiran uscat
- Sare si piper dupa gust
- 1/2 cană smântână groasă (opțional)

INSTRUCȚIUNI:
a) Asezonați puiul cu sare și piper.
b) Se caleste puiul in ulei pana se rumeneste, se scoate din tigaie.
c) Se caleste ceapa si usturoiul pana se inmoaie.
d) Adăugați piure de roșii, bulion de pui, zahăr și maghiran.
e) Puiul se pune înapoi în tigaie și se fierbe până când este fiert.
f) Amestecați crema dacă doriți. Serviți peste orez sau paste.

30.Smažený Sýr (brânză prăjită)

INGREDIENTE:
- 4 felii de brânză Edam sau Gouda
- 1 cană pesmet
- 2 oua, batute
- Făină pentru dragare
- Ulei vegetal pentru prajit
- Sos tartar pentru servire

INSTRUCȚIUNI:
a) Trageți feliile de brânză în făină.
b) Se scufundă în ouă bătute și se unge cu pesmet.
c) Se încălzește ulei într-o tigaie și se prăjește brânza până se rumenește.
d) Se serveste cu sos tartar si se orneaza cu lamaie.

31.Galuste cu varza si carne afumata

INGREDIENTE:
- 4 căni de cartofi făinoase, curățați și rasi
- 2 căni de făină
- 2 oua
- Sare
- 1 cap mic de varză, mărunțit
- 1 kilogram de carne afumată (de exemplu, carne de porc afumată)
- Unt pentru servire

INSTRUCȚIUNI:
a) Amestecați cartofii rasi, făina, ouăle și un praf de sare pentru a forma aluatul de găluște.
b) Formați găluște și fierbeți până plutesc.
c) Se caleste varza maruntita pana se inmoaie.
d) Felați carnea afumată și serviți cu găluște și varză.
e) Acoperiți cu unt topit.

32. Hovězí Guláš (Gulash de vită)

INGREDIENTE:
- 2 kg carne de tocană de vită, tăiată cubulețe
- 2 cepe, tocate mărunt
- 3 catei de usturoi, tocati
- 2 linguri boia dulce
- 1 linguriță de semințe de chimen
- 2 linguri pasta de rosii
- 2 cesti supa de vita
- Sare si piper dupa gust
- Ulei pentru gătit

INSTRUCȚIUNI:
a) Se calesc cubulete de vita in ulei pana se rumenesc.
b) Adăugați ceapa și usturoiul, gătiți până se înmoaie.
c) Se amestecă boia de ardei, semințele de chimen și pasta de roșii.
d) Se toarnă bulion de vită, se condimentează cu sare și piper.
e) Se fierbe până când carnea de vită este fragedă și sosul se îngroașă.

33.Svíčková na Houbách (Mușchiu cu ciuperci)

INGREDIENTE:
- 2 kg muschi de vita
- 1 ceapa, tocata marunt
- 2 catei de usturoi, tocati
- 1 cană de ciuperci, feliate
- 1 cană bulion de vită
- 1 cană smântână groasă
- 2 linguri ulei vegetal
- 2 linguri de faina
- Sare si piper dupa gust

INSTRUCȚIUNI:
a) Se caleste carnea de vita in ulei pana se rumeneste, se scoate din tigaie.
b) Căleți ceapa, usturoiul și ciupercile până se înmoaie.
c) Se amestecă făina și se adaugă treptat bulion de vită și smântână.
d) Reveniți carnea de vită în tigaie și fierbeți până la fiert.
e) Se condimentează cu sare și piper.

34. Rață friptă cu sos acru

INGREDIENTE:
- 1 rata intreaga, curatata si uscata
- Sare si piper dupa gust
- 1 ceapă, tăiată în sferturi
- 2 mere, fără miez și feliate
- 1 cană supă de pui sau legume
- 1 cană smântână
- 2 linguri de faina
- 2 linguri de zahar

INSTRUCȚIUNI:
a) Condimentează rața cu sare și piper.
b) Umpleți rața cu sferturi de ceapă și felii de mere.
c) Prăjiți rața la cuptor până se rumenește și este fiartă.
d) Într-o cratiță se amestecă făina și zahărul, se adaugă bulionul și smântâna.
e) Gatiti pana se ingroasa sosul, serviti cu friptura de rata.

35.Bramborový Guláš (Gulash de cartofi)

INGREDIENTE:
- 4 cartofi mari, curatati si taiati cubulete
- 1 ceapa, tocata marunt
- 2 catei de usturoi, tocati
- 2 linguri boia dulce
- 1 linguriță de semințe de chimen
- 1 cană bulion de legume sau de vită
- 2 linguri pasta de rosii
- 2 linguri ulei vegetal
- Sare si piper dupa gust
- Pătrunjel proaspăt pentru garnitură

INSTRUCȚIUNI:
a)   Într-o oală, căliți ceapa și usturoiul în ulei vegetal până se înmoaie.
b)   Adăugați cartofi tăiați cubulețe, boia de ardei și semințe de chimen. Gatiti cateva minute.
c)   Se amestecă pasta de roșii și se toarnă bulionul.
d)   Se fierbe până când cartofii sunt fragezi. Se condimentează cu sare și piper.
e)   Se ornează cu pătrunjel proaspăt înainte de servire.

36. Spanac cu găluște de cartofi

INGREDIENTE:
- 1 kilogram de spanac proaspăt, spălat și tocat
- 4 cartofi mari, fierți și piureați
- 1 cană de făină
- 2 oua
- Sare si piper dupa gust
- Unt pentru servire

INSTRUCȚIUNI:

a) Amestecați piureul de cartofi, făina, ouăle, sare și piper pentru a forma aluatul de găluște.

b) Se modelează găluște și se fierb până plutesc.

c) Se caleste spanacul tocat in unt pana se ofileste.

d) Serviți spanacul peste găluștele de cartofi. Adăugați mai mult unt dacă doriți.

37. Utopenci (Carnati murati)

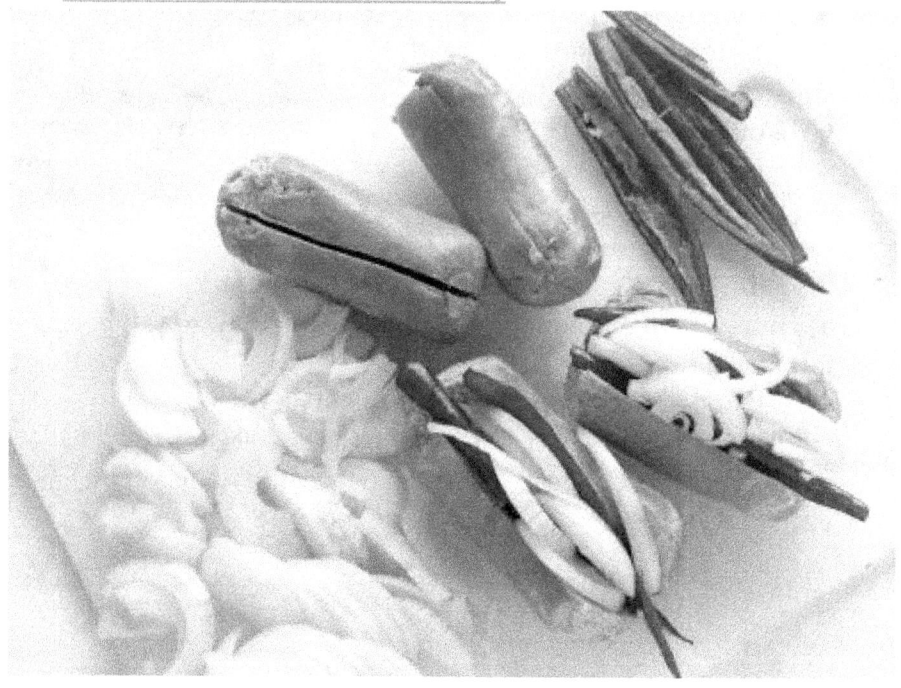

INGREDIENTE:
- 1 kilogram de cârnați (soiurile precum Klobása funcționează bine)
- 1 ceapă, feliată subțire
- 1 lingura ulei
- 1 lingura boia
- 1 linguriță de semințe de chimen
- 1 lingurita zahar
- 1 cană apă
- Otet dupa gust
- Sare si piper dupa gust

INSTRUCȚIUNI:
a) Într-o tigaie, căliți ceapa tăiată felii în ulei până devine aurie.
b) Adăugați boia de ardei, semințele de chimen și zahărul. Amesteca bine.
c) Se toarnă apă și oțet. Aduceți la fiert.
d) Adăugați cârnații și gătiți până sunt încălziți.
e) Se condimentează cu sare și piper. Serviți cald.

38. Sos de ciuperci cu paste

INGREDIENTE:
- 2 cani de ciuperci, feliate
- 1 ceapa, tocata marunt
- 2 catei de usturoi, tocati
- 1 cană supă de legume sau de pui
- 1 cană smântână groasă
- 2 linguri de unt
- 2 linguri de faina
- Sare si piper dupa gust
- Pătrunjel proaspăt pentru garnitură
- Paste fierte

INSTRUCȚIUNI:
a) Într-o tigaie, căliți ceapa și usturoiul în unt până se înmoaie.
b) Adăugați ciupercile feliate și gătiți până își eliberează umezeala.
c) Se presara faina peste ciuperci, se amesteca bine.
d) Se toarnă bulion și smântână, amestecând continuu până se îngroașă sosul.
e) Se condimentează cu sare și piper. Se servesc peste paste fierte, garnisite cu patrunjel proaspat.

39. Bigos vegetarian

INGREDIENTE:
- 1 c de ciuperci uscate
- 2 cepe medii, tocate
- 2 linguri de ulei
- 8-10 oz / 250 g de ciuperci proaspete
- 1/2 lingurita de sare
- 1/4 - 1/2 lingurita de piper macinat
- 5 - 6 boabe de piper și boabe de ienibahar
- 2 foi de dafin
- 1 morcov
- 15 prune uscate
- 1 lingurita de chimen
- 1 lingura boia afumata
- 3 linguri de pasta de rosii
- 1 c vin roșu sec
- 1 cap de varză medie

INSTRUCȚIUNI:

a) Înmuiați ciupercile uscate în apă timp de cel puțin o oră.

b) Se incinge uleiul intr-o oala mare si se caleste ceapa tocata. Curățați și feliați ciupercile, apoi adăugați-le la ceapă după ce au început să se rumenească pe margini. Continuați să soțiți cu sare, piper măcinat, boabe de piper, ienibahar și foi de dafin.

c) Morcovii trebuie curatati de coaja si maruntiti. Aruncă în oală.

d) Se amestecă prunele tăiate în patru, chimenul, boia de ardei afumată, pasta de roșii și vinul.

e) Varza trebuie tăiată în sferturi și feliată. Amesteca totul in oala.

f) Acoperiți și gătiți varza până când își reduce puțin volumul. Gatiti inca 10 minute, sau pana cand varza este frageda.

40. găluște sileziene

INGREDIENTE:
- 6 până la 7 cartofi medii, decojiți
- 1 lingura rasa sare
- 120 g amidon de cartofi, la nevoie

INSTRUCȚIUNI:
a) Fierbeți cartofii până se înmoaie în apă cu sare. Scurgeți și zdrobiți cu un piure de cartofi până la omogenizare. Pentru a face un strat uniform de cartofi pe fundul cratiței, apăsați cu mâinile.
b) Cu ajutorul unui cuțit, tăiați stratul de cartofi în patru jumătăți egale. Scoateți o componentă și distribuiți-o uniform între celelalte trei. Va fi folosită doar o pătrime din tigaie.
c) Adăugați suficientă făină de cartofi pentru a umple sfertul gol la același nivel cu stratul de cartofi. Învelișul de făină trebuie netezit.
d) Aduceți apă la fiert într-o oală mare.
e) Cu mâinile, faceți bile mici de mărimea unei nuci. Aplatizați ușor și folosiți degetul mare pentru a face o gaură în mijloc.
f) Adăugați câteva găluște în apa clocotită, având grijă să nu supraaglomerați tigaia. Amestecați cu o lingură de lemn pentru a nu se lipi de fundul cratiței și gătiți până când plutesc în partea de sus. Folosind o lingură cu fantă, scoateți puiul și serviți cu sos sau smântână.

41. R gheata cu mere

INGREDIENTE:
- 2 cani de orez
- 4 căni de lapte vegetal
- 1/2 lingurita de sare
- 4 mere acre
- 1/4 lingurita de nucsoara macinata
- 2 linguri de zahar
- 1/12 lingurita de scortisoara
- 1 lingurita vanilie
- 2 linguri + 2 linguri unt de cocos

INSTRUCȚIUNI:
a) Într-o cratiță medie, încălziți laptele vegetal cu sare. Se adauga orezul spalat si se fierbe la foc mic pana este gata.

b) Continuați să amestecați orezul. Răzuiți-l numai dacă se lipește de fund. Continuați să amestecați ușor până când orezul este gata.

c) Preîncălziți cuptorul la 350 de grade Fahrenheit (180 de grade Celsius).

d) Mărunțiți merele într-un tocător de legume după ce le curățați și le curățați. Gatiti pana se evapora lichidul intr-o tigaie uscata cu nucsoara.

e) Adăugați zahăr, scorțișoară și vanilie la orezul fiert. Se amestecă totul bine.

f) Ungeți o tavă de 8 × 8 inchi (20 x 20 cm) cu unt de cocos. Jumătate din orez trebuie să treacă în fundul tigaii, urmat de toate merele și de orezul rămas. Deasupra se pun felii subtiri de unt de cocos.

g) Gatiti 20 de minute. Serviți cald sau rece.

42.Tăitei și găluște cehe

INGREDIENTE:
- 2 pachete drojdie uscata
- 4 lingurite de zahar
- 1 cană plus 2 linguri de lapte cald pe bază de plante
- 1 kilogram de făină universală
- 1 lingurita sare
- 3 linguri de unt de cocos, topit

INSTRUCȚIUNI:
a) Faceți un burete într-un castron mic, dizolvând drojdia și zahărul în laptele vegetal și amestecând 1/2 cană de făină.
b) Combinați făina rămasă, sarea și amestecul de drojdie într-un lighean mare. Amestecați timp de aproximativ 5 minute cu mâna sau cu mașina, sau până când se formează vezicule și se desprinde de pe marginea bolului. Amestecați bine untul de cocos topit și răcit.
c) Lasam sa creasca pana isi dubleaza volumul. Răsturnați pe o suprafață cu făină și frământați cu făină suplimentară dacă aluatul este prea lipicios. Tăiați cu un tăietor de 3 inchi sau sticlă după ce ați bătut până la o grosime de 1 inch. Resturile pot fi rulate din nou și tăiate a doua oară. Se lasă să crească până de două ori.
d) Umpleți între timp două oale mari cu apă 3/4. Legați un cerc de sac de făină sau alt material fără scame deasupra vaselor cu sfoară de măcelar și aduceți apa la fiert. Puneți câte găluște încap în recipient.
e) Se fierb găluștele timp de 15 minute cu capacul deasupra cratiței. Galustele se vor prabusi daca capacul este ridicat in timpul procesului de aburire.
f) Alternativ, așezați un ecran de stropire deasupra oalei, adăugați câte găluște se potrivesc fără atingere, apoi acoperiți cu un bol de plastic rezistent la căldură, care a fost răsturnat.
g) Puneți găluștele să se răcească pe un grătar. Congelați sau păstrați găluștele într-o pungă cu fermoar la frigider.

43. Macaroane cu căpșuni

INGREDIENTE:
- Macaroane la alegere
- 3 cani de capsuni, proaspete sau congelate
- 1 cană iaurt simplu pe bază de plante , cremă de cocos sau iaurt grecesc pe bază de plante
- zahăr după gust

INSTRUCȚIUNI:
a) Urmați instrucțiunile de pe pachet pentru a face paste la alegere.
b) Spălați și îndepărtați tulpinile de pe căpșuni. Tăiați câteva căpșuni pentru a le pune deasupra farfurii.
c) Într-un blender, combinați căpșunile rămase, smântâna sau iaurtul pe bază de plante, zahărul și extractul de vanilie.
d) Dacă doriți un sos mai gros, pisați căpșunile cu o furculiță sau amestecați-le în loturi, dându-le ultimelor căpșuni un blitz scurt cu blenderul.
e) Se amestecă macaroanele fierte cu sosul de căpșuni. Este delicios cald sau rece.

44.Sarmale cehe

INGREDIENTE:
- 1 cap de varză albă
- 120 g crupe de hrisca
- 3 linguri de unt de cocos
- 2 linguri ulei de masline
- 1 ceapa, tocata
- 1 catel de usturoi, tocat
- 300 g ciuperci, tocate
- 1 lingura maghiran uscat
- 2 cuburi de supa de legume
- sos de soia dupa gust
- sare si piper dupa gust

INSTRUCȚIUNI:
a) Fierbeți într-un ibric mare cu apă. Scoateți miezul din varză înainte de a o pune în oală. Pe măsură ce frunzele exterioare se înmoaie, îndepărtați-le. Partea groasă a coastelor de varză trebuie tăiată. Scoateți din ecuație.
b) Între timp, pregătiți crupele de hrișcă conform instrucțiunilor de pe ambalaj. Scurge si tine deoparte 1 lingura unt de cocos.
c) Se incinge uleiul intr-o tigaie si se caleste ceapa si usturoiul.
d) Topiți 1 lingură unt de cocos în aceeași tigaie și căliți ciupercile. Adăugați hrișca și ceapa care au fost sotate. Maghiran, sos de soia, sare si piper dupa gust. Amestecați bine.
e) Puneți frunze de varză mici sau rupte în fundul unei caserole. În centrul fiecărei frunze, adăugați aproximativ 2 lingurițe de umplutură.
f) Puneți capătul de tulpină al verzei peste umplutură, apoi pliați părțile laterale ale varzei peste ea. Faceți un pachet din varză rulând-o și suprapunând capetele pentru a o sigila. Puneți fiecare în caserola pregătită, cu cusătura în jos.
g) Într-o cană de măsurare de 500 ml, dizolvați cuburile de bulion și turnați peste sarmale. Adăugați ultimul unt de cocos. Acoperiți cu restul de frunze de varză.
h) Se fierbe la foc mic timp de 30 până la 40 de minute.

45.ceh cu prune

INGREDIENTE:
- 10 (350 g) cartofi fierti, raciti si curatati de coaja
- 1/2 cană făină de ovăz
- 1/4 cană sos de mere
- 12-14 sau 7-8 Prune

INSTRUCȚIUNI:
a) Gatiti cartofii si puneti-i la racit.
b) Dacă folosiți prune mari, tăiați-le în jumătate.
c) Folosind o mașină de tăiat cartofi, procesați cartofii.
d) Frământați orezul din cartofi, făina de ovăz și sosul de mere împreună până se formează un aluat ferm. (Va fi puțin lipicios.)
e) Întindeți aluatul pe o suprafață plană și tăiați-l în 12-14 bucăți rotunde de dimensiuni egale.
f) Pentru cercuri mici, întindeți aluatul.
g) Sigilați fiecare cerc punând o jumătate de prune/prune în centru. Este o idee bună să aveți mâinile umede, deoarece vă va ajuta să etanșați mai ușor genunchiul.
h) Într-o oală mare, aduceți apă la fiert.
i) Reduceți căldura la minim și lăsați apa să strălucească înainte de a adăuga 3-4 genunchi în cratiță.
j) Gatiti aproximativ 5 minute dupa ce ajung la suprafata apei.

SUPE

46.Tarator (Supă de castraveți)

INGREDIENTE:
- 1 castravete
- 1 cană de iaurt
- Niște mărar
- Câteva nuci
- Sare, ulei vegetal și apă

INSTRUCȚIUNI:
a) Răzuiți sau tocați mărunt castraveții și puneți-le într-un castron mare.
b) Adaugam nuca macinata si mararul proaspat tocat marunt.
c) Se toarnă iaurtul.
d) Adăugați treptat apă - grosimea este după gust.
e) La final, adaugă uleiul vegetal.

47. Supă de cartofi

INGREDIENTE:
- 1 păstârnac
- Ciuperci (1-2 cani)
- 4-6 cartofi, tăiați cubulețe
- 6 catei de usturoi
- 6-8 căni de apă
- 1 lingura condiment din radacina de telina
- 1/4 cana ciuperci uscate, tocate
- Aproximativ 1/2 cană de slănină tocată
- 1/2 cană făină
- 1/2 cană apă
- 1/4 cană maghiran
- Sare si piper dupa gust
- 1 buchet arpagic, tocat

INSTRUCȚIUNI:
a) Tăiați păstârnacul, ciupercile și cartofii în bucăți mici.
b) Rade 6 catei de usturoi si pune-i intr-o oala cu apa, bacon tocat, condiment din radacina de telina si ciuperci uscate.
c) După 45 de minute, adăugați un roux de ulei de floarea soarelui și făină. Asezonați cu maghiran, sare și piper.
d) Gatiti supa aproximativ 1,5 ore.

48.Gulas ceh (Skvělý Hovězí Guláš)

INGREDIENTE:
- 4 linguri ulei pentru prajit
- 5 catei de usturoi
- 1 lingurita boia dulce macinata
- 3 bucăți de ceapă
- 1 lingurita maghiran
- 1 lingurita ardei iute macinat
- 750 g carne de vită
- 1 lingurita chimen macinat

INSTRUCȚIUNI:
a) Se încălzește uleiul într-o oală mare la foc mediu. Adăugați ceapa și usturoiul.
b) Adăugați carnea de vită și lăsați-o să se rumenească pe exterior.
c) Adăugați boia și amestecați până când carnea este acoperită.
d) Adăugați făină și pasta de roșii doar până când sucul este absorbit, apoi adăugați apă pentru a acoperi carnea cu puțin în plus.
e) Se amestecă bine făina pentru a îndepărta toate cocoloașele. Adăugați sare și piper.
f) Aduceți la fierbere, apoi acoperiți și fierbeți la foc mic timp de aproximativ două ore.
g) Sosul se va îngroșa treptat, iar carnea va deveni fragedă. Odată gata, serviți.

49. Supă de murături acru

INGREDIENTE:
- 6 căni de bulion de legume
- 1 ½ cană morcov mărunțit
- ½ cană de țelină tăiată cubulețe
- 1 cană de cartofi proaspeți decojiți, tăiați cubulețe
- 1 cană murături de usturoi sau mărar, mărunțite
- Făină, după cum este necesar (aproximativ ¼ cană)

INSTRUCȚIUNI:

a) Într-o cratiță mare, aduceți bulionul la fierbere rapid, apoi reduceți focul la mic și lăsați să fiarbă. Se fierbe timp de 15 minute cu morcovii, țelina și cartofii.

b) Se fierbe timp de 30 de minute sau până când cartofii sunt gătiți, adăugând murături după cum este necesar. Dacă vrei o supă mai groasă, fă o pastă cu părți egale de făină și apă.

c) Se toarnă încet laptele, amestecând continuu, până când supa se îngroașă ușor.

50.Borș

INGREDIENTE:
- 2 ciorchine de sfecla cu verdeata (aproximativ 8-9 sfecla medie)
- ½ cană ceapă tocată
- Cutie de un kilogram de roșii înăbușite
- 3 linguri suc proaspăt de lămâie
- ⅓ cană de îndulcitor granulat

INSTRUCȚIUNI:
a) Curățați și curățați sfecla, dar lăsați pielea. Păstrați verdeața în siguranță. Într-o oală mare, combinați sfecla, ceapa și 3 litri de apă.
b) Gatiti o ora sau pana cand sfecla este extrem de moale. Scoateți sfecla din apă, dar NU ARUNȚI APA. Aruncați ceapa.
c) Readuceți sfecla în apă după ce le-ați tocat mărunt. Verdeturile trebuie spalate si tocate inainte de a fi adaugate in apa. Combinați roșiile, sucul de lămâie și îndulcitorul într-un castron. Gatiti 30 de minute la foc mediu sau pana cand verdeturile sunt fragede.
d) Înainte de servire, dați la rece cel puțin 2 ore.

51.de căpșuni / afine

INGREDIENTE:
- 1 kilogram de căpșuni sau afine proaspete, curățate bine
- 1 ¼ cană apă
- 3 linguri de îndulcitor granulat
- 1 lingura suc proaspat de lamaie
- ½ cană de cremă de cafea cu soia sau orez
- Opțional: 2 căni de tăiței fierți, răciți

INSTRUCȚIUNI:
a) Într-o oală medie, combinați fructele cu apa și încălziți până la fierbere rapidă.
b) Reduceți focul la mic, acoperiți și gătiți timp de 20 de minute sau până când fructele sunt foarte moi.
c) Se amestecă într-un blender până la omogenizare. Reveniți piureul în oală și adăugați zahărul, sucul de lămâie și crema. Lăsați să fiarbă 5 minute după amestecare.
d) Înainte de servire, supa se răcește timp de cel puțin 2 ore.
e) Această supă se servește în mod tradițional singură sau cu tăiței reci.

52.Supă de varză

INGREDIENTE:
- 2 linguri margarina
- 2 căni de varză verde măruntită
- ½ lingurita piper negru
- 3 căni de apă
- 2 cani de cartofi curatati si taiati cubulete
- ½ cană roșii proaspete tocate

INSTRUCȚIUNI:

a) Într-o oală de supă, topește margarina.

b) Adăugați varza și ardeiul și gătiți aproximativ 7 minute, sau până când varza se rumenește.

c) Adăugați cartofii, roșiile și apa; acoperiți și fierbeți timp de 20 de minute sau până când cartofii sunt fierți.

53. Supa de legume

INGREDIENTE:
- supă de legume (2 morcovi, ½ rădăcină de țelină, 1 praz, pătrunjel proaspăt)
- 1 cană (100 g) buchețe de conopidă
- ½ cană (50 g) porumb fiert
- sare si piper
- optional: cub de bulion, ceapa

INSTRUCȚIUNI:
a) Aduceți 2 litri (2 l) de apă la fiert într-o oală mare.
b) Tăiați morcovii, rădăcina de țelină și prazul în felii de 1/4 inch (6 mm). Reduceți focul la mic și adăugați legumele feliate , buchețelele de conopidă și porumbul în apa clocotită.
c) Se condimentează cu sare și piper după gust și se fierbe timp de aproximativ 40 de minute la foc mediu.
d) Se orneaza cu buchetele de patrunjel taiate cubulete.

54.Supă de roșii

INGREDIENTE:
- 2 litri (2 l) bulion
- 2 linguri crema de cocos
- 1 lingura de faina
- 5 oz (150 ml) pastă de tomate
- sare si piper
- Mărar

INSTRUCȚIUNI:
a) Se strecoară bulionul din supă de legume (2 morcovi, 12 ceapă, 12 rădăcină de țelină, 1 praz, numeroase tulpini de pătrunjel) și se păstrează lichidul.
b) Amestecați crema de cocos cu făina, apoi adăugați-o în bulion împreună cu pasta de roșii.
c) Se aduce la fierbere la foc mare, se condimentează cu sare și piper și se ornează cu mărar.
d) Pentru a face supa mai satioasa, puteti adauga orez sau taitei.

55. Supă de murături

INGREDIENTE:
- 3 cartofi
- 1 cub de bulion
- 1 lingura unt de cocos
- 2 muraturi mari, taiate marunt
- 1 cană (250 ml) suc de murături
- 2 linguri crema de cocos
- 1 lingura de faina
- sare
- Mărar

INSTRUCȚIUNI:
a) Curățați și tăiați cartofii în cuburi de jumătate de inch (1,3 cm), apoi fierbeți-i cu cubul de bulion și untul de cocos în 2 litri (2 l) de apă.
b) Adăugați murăturile tăiate mărunt și sucul de murături după aproximativ 20 de minute, când cartofii încep să se înmoaie.
c) Combinați crema de cocos și făina într-un castron separat, apoi adăugați treptat 3 linguri de bulion care se fierbe la foc. Apoi readuceți amestecul în supă și aduceți-l înapoi la fierbere.
d) Adăugați sare și mărar tăiat cubulețe după gust (dar mai întâi gustați supa pentru a vă asigura că sucul de murături nu este prea copleșitor).
e) Orezul poate fi folosit în locul cartofilor. Când supa este gata, sări peste pasul 1 și adăugați 3 căni de orez fiert.

56.Supă de secară acru

INGREDIENTE:
- 2 litri (2 l) bulion
- 2 căni de făină de secară acidulată
- 2 linguri faina
- Sare
- 2 catei de usturoi
- optional: ciuperci

INSTRUCȚIUNI:

a) Se fierbe supa de legume (2 morcovi, 12 ceapa, 1 telina, 1 praz, numeroase tulpini de patrunjel) in 2 litri (2 l) de apa pentru a face bulion. Dacă doriți, puteți adăuga și câteva ciuperci tocate.

b) Treceți supa printr-o strecurătoare, rezervând lichidul și adăugați amestecul de urek și făina în bulion când legumele sunt fragede (aproximativ 40 de minute).

c) Puteți asezona după gust cu sare.

d) Adăugați usturoiul în bulion, ras fin sau tăiat cubulețe.

57. Supă de sfeclă răcită

INGREDIENTE:
- 1 buchet de sfeclă
- 1 castravete
- 3-5 ridichi
- mărar
- arpagic
- 1 qt (1 l) iaurt simplu pe bază de plante
- sare si piper
- zahăr
- optional: suc de lamaie

INSTRUCȚIUNI:

a) Scoateți sfecla din buchet, tăiați mărunt doar tulpinile și frunzele de sfeclă și fierbeți timp de aproximativ 40 de minute într-o cantitate mică de apă până când se înmoaie. Se lasa sa se raceasca inainte de servire.

b) Castravetele, ridichile, mararul și arpagicul trebuie tocate mărunt. Combinați aceste ingrediente, precum și amestecul de sfeclă, în iaurtul pe bază de plante și amestecați bine.

c) După gust, asezonați cu sare, piper, zahăr și suc de lămâie, dacă doriți. Amestecați sau pasați supa în piure dacă doriți o textură mai fină.

d) Se serveste racit cu marar taiat cubulete deasupra.

e) Această supă este făcută în mod tradițional doar cu tulpinile și frunzele plantei de sfeclă roșie. Cu toate acestea, puteți folosi doar sfecla. 1 kilogram de sfeclă fiartă, rasă fin și combinată cu ingredientele rămase

58.Supă de fructe

INGREDIENTE:
- 1 lingură făină de cartofi
- 1 cană (250 ml) bulion, răcit
- 3 mere
- 8 oz (250 g) prune sau cireşe
- ⅓–½ cană (75–115 g) zahăr

INSTRUCŢIUNI:
a) Pentru a produce o suspensie, combinaţi jumătate din bulionul rece cu făina.
b) Fierbeţi merele, prunele sau cireşele în 112 litri (112 l) de apă după ce le-aţi curăţat de coajă. Când fructele sunt moi, se da pe răzătoare fină sau se pasează cu apa într-un blender şi se condimentează cu zahăr după gust.
c) Combinaţi făina şi bulionul într-un bol de amestecare.
d) Se amestecă amestecul de bulion până când totul este bine amestecat.
e) Pentru a face această supă se pot folosi şi alte fructe. Prunele, rubarba, căpşunile sălbatice, zmeura, murele şi cireşele sunt toate folosite în anumite supe clasice de fructe cehe. Laptele pe bază de plante sau crema de cocos, împreună cu zahărul, pot fi folosite pentru o aromă mai blândă.
f) În lunile fierbinţi de vară, această supă, împreună cu chodnikul, este ideală.

59. Supă de cartofi

INGREDIENTE:
- 1½ qt (1½ l) de bulion de legume
- 2 cepe
- 2 praz
- 5 catei de usturoi
- 3 linguri ulei de masline
- 4 cartofi
- ierburi: foi de dafin, cimbru, arpagic
- sare si piper

INSTRUCȚIUNI:

a) Tăiați mărunt ceapa și prazul, apoi tăiați-le în rondele de un sfert de inch (6 mm) și căleți-le în ulei de măsline cu cățeii de usturoi tăiați felii.

b) Tăiați cartofii în cuburi după curățarea, curățarea și curățarea lor.

c) Adăugați cartofii, ierburile, sare și piper când ceapa și prazul sunt maronii mijlocii. Se amestecă câteva clipe, apoi se acoperă cu bulion și se fierbe aproximativ 30 de minute la foc mic, până când cartofii sunt fragezi.

d) După ce supa s-a răcit, pasați-o în piure într-un blender până la omogenizare. Se condimenteaza cu sare si piper dupa gust.

60. Supă de lămâie

INGREDIENTE:
- 2 qt (2 l) bulion sau stoc
- ½–1 cană (95–190 g) orez alb
- 2 lămâi
- sare si piper
- optional: ½ cana crema de cocos

INSTRUCȚIUNI:

a) Faceți bulion cu 2 litri (2 l) apă și supă de legume sau bulion (2 morcovi, 12 ceapă, 1 țelină, 1 praz, multe tulpini de pătrunjel).

b) Gatiti orezul doar in bulion sau lichid de stoc pana devine moale, aproximativ 25 de minute.

c) Curățați 1 lămâie, tăiați-o mărunt și amestecați-o cu puțină sare în orezul care fierbe.

d) Continuați să amestecați supa în timp ce adăugați sucul de lămâie rămas.

e) Gatiti cateva minute la foc mic, asezonand cu sare si piper dupa gust.

61. Supă cehă de guli-rave

INGREDIENTE:
- 1 guli-rabe decojit, tăiat cuburi, folosiți și frunze (vezi instrucțiuni)
- 1 ceapa medie tocata marunt
- 1 morcov mediu decojit, tăiat cubulețe
- 2 cartofi medii decojiti, taiati cubulete
- 2 linguri patrunjel si marar fiecare, tocate marunt
- 1 l supa de legume fierbinte (puțin peste 4 căni)
- 1 lingura ulei si unt fiecare
- Sare de mare si piper dupa gust
- 1 lingura de amidon de porumb plus 2 linguri de apa fierbinte pentru ingrosarea supei (optional, vezi Instructiuni).

INSTRUCȚIUNI:

a) Curățați și tăiați grosier frunzele de guli-rabe, aruncând tulpinile. Tăiați guli-rabe, morcovii și cartofii în cuburi.
b) Se încălzește 1 lingură de ulei într-o oală mare, apoi se adaugă ceapa și se fierbe timp de 3 minute, sau până se înmoaie. Gatiti cateva minute, amestecand des, cu restul de legume si patrunjel.
c) Se adaugă bulionul de legume, se condimentează, se amestecă, se acoperă și se aduce la fierbere, apoi se reduce la foc mic și se fierbe, amestecând periodic, timp de aproximativ 30 de minute sau până când legumele sunt moi.
d) Adăugați mararul tocat și mai fierbeți încă 3 minute. Puteți îngroșa supa în acest moment (deși nu este necesar). Pentru a face acest lucru, combinați 2 linguri de apă fierbinte cu amidon de porumb, apoi amestecați în supă și gătiți timp de 3 minute.
e) Se ia de pe foc, se condimentează după gust și se pune o lingură de unt înainte de servire.

62. Supa de sparanghel

INGREDIENTE:
- 1 lb (450 g) sparanghel alb
- supă de legume (2 morcovi, 1 praz, ½ rădăcină de țelină, pătrunjel proaspăt)
- 2 linguri de unt de cocos
- ¼ cană (30 g) făină
- sare si zahar
- ½ cană (125 ml) cremă de nucă de cocos

INSTRUCȚIUNI:

a) Curățați coaja sparanghelului și curățați sparanghelul. Gătiți tulpinile de sparanghel și ingredientele supei până se înmoaie într-o oală cu 2 litri (2 l) de apă. Lichidul bulionului trebuie păstrat.

b) Separat, gătiți capetele de sparanghel într-o cantitate mică de apă.

c) Se pasează tulpinile de sparanghel și se dau pe răzătoare fin.

d) Combinați sparanghelul în piure cu bulionul de supă.

e) Într-o tigaie, se topește untul de cocos și se amestecă făina pentru a obține un roux la foc mic. Adăugați în supă capetele de sparanghel fierte, sare și piper în timp ce se gătește.

f) Se serveste cu crutoane si o praf de crema de cocos la final.

SALATE ŞI LUTURI

63.Bramborový Salat (Salata de cartofi)

INGREDIENTE:
- 4 cartofi mari, fierti si taiati cubulete
- 1/2 cană maioneză
- 1 lingura mustar
- 1 ceapa, tocata marunt
- 2 muraturi, tocate marunt
- Sare si piper dupa gust
- Mărar proaspăt tocat pentru decor

INSTRUCȚIUNI:
a) Într-un castron, amestecați maioneza și muștarul.
b) Adăugați cartofi tăiați cubulețe, ceapa tocată și murăturile. Amesteca bine.
c) Se condimenteaza cu sare si piper dupa gust.
d) Se ornează cu mărar proaspăt tocat înainte de servire.

64. Salata de rosii cu mozzarella

INGREDIENTE:
- 4 roșii mari, tăiate felii
- 1 bila de mozzarella proaspata, feliata
- Frunze de busuioc proaspăt
- Ulei de măsline extra virgin
- Oțet balsamic
- Sare si piper dupa gust

INSTRUCȚIUNI:
a) Aranjați felii de roșii și mozzarella pe un platou de servire.
b) Puneți frunze de busuioc proaspăt între felii.
c) Stropiți cu ulei de măsline și oțet balsamic.
d) Se condimentează cu sare și piper. Serviți imediat.

65.Okurkový Salat (Salata de castraveti)

INGREDIENTE:
- 4 castraveți, feliați subțiri
- 1 ceapă roșie, feliată subțire
- 1/2 cană smântână
- 1 lingura otet alb
- 1 lingurita zahar
- Sare si piper dupa gust
- Mărar proaspăt tocat pentru decor

INSTRUCȚIUNI:
a) Într-un castron, amestecați smântâna, oțetul alb și zahărul.
b) Adăugați castraveții și ceapa tăiate felii. Aruncă pentru a acoperi.
c) Se condimenteaza cu sare si piper dupa gust.
d) Se ornează cu mărar proaspăt tocat înainte de servire.

66.Houbový Salat (Salata de ciuperci)

INGREDIENTE:
- 2 cani de ciuperci, feliate
- 1 ceapa, tocata marunt
- 2 linguri ulei vegetal
- 1 lingura otet de vin alb
- 1 lingurita mustar de Dijon
- Sare si piper dupa gust
- Pătrunjel proaspăt pentru garnitură

INSTRUCȚIUNI:
a) Se calesc ciupercile feliate si ceapa tocata in ulei vegetal pana se inmoaie.
b) Într-un castron, amestecați împreună oțetul de vin alb, muștarul de Dijon, sare și piper.
c) Turnați dressingul peste ciuperci și ceapă. Se amestecă pentru a combina.
d) Se ornează cu pătrunjel proaspăt înainte de servire.

67.Knedlíky (găluște de pâine cehă)

INGREDIENTE:
- 4 căni de pâine veche, tăiată cubulețe
- 1 cană lapte
- 2 oua
- 1/4 cană făină universală
- 1 lingurita praf de copt
- Sare

INSTRUCȚIUNI:
a) Înmuiați cuburile de pâine în lapte până se înmoaie.
b) Într-un castron, amestecați pâinea înmuiată, ouăle, făina, praful de copt și un praf de sare.
c) Formați amestecul în forme cilindrice și gătiți la abur timp de aproximativ 20-30 de minute.
d) Tăiați și serviți ca garnitură cu sos sau sosuri.

68. Zelí (varză murată cehă)

INGREDIENTE:
- 1 kilogram de varză murată
- 1 ceapa, tocata marunt
- 2 linguri ulei vegetal
- 1 linguriță de semințe de chimen
- 1 mar, curatat si ras
- 1 lingura zahar
- Sare si piper dupa gust

INSTRUCȚIUNI:
a) Clătiți varza murată sub apă rece și scurgeți.
b) Intr-o tigaie caliti ceapa tocata in ulei vegetal pana devine translucida.
c) Adăugați varză murată, semințe de chimen, măr ras, zahăr, sare și piper.
d) Gatiti la foc mic, amestecand din cand in cand, pana se topesc aromele.

69.Salata de crap cu cartofi

INGREDIENTE:
- 4 file de crap
- 1 cană de făină
- 2 oua, batute
- 1 cană pesmet
- Ulei pentru prajit
- Salată de cartofi (consultați rețeta Bramborový Salat)

INSTRUCȚIUNI:
a) Pâine file de crap prin acoperirea cu făină, scufundarea în ouă bătute și acoperirea cu pesmet.
b) Se prăjește până se rumenește pe ambele părți.
c) Servește crapul prăjit cu o parte de salată de cartofi.

70.Špenátová Kase (cremă de spanac)

INGREDIENTE:
- 1 kilogram de spanac proaspăt, spălat și tocat
- 2 linguri de unt
- 2 linguri de făină universală
- 1 cană lapte
- Sare si nucsoara dupa gust

INSTRUCȚIUNI:
a) Într-o tigaie, ofilește spanacul tocat în unt.
b) Presărați făină peste spanac, amestecând pentru a forma un roux.
c) Adăugați treptat laptele, amestecând continuu pentru a evita cocoloașele.
d) Se fierbe până când amestecul se îngroașă. Se condimentează cu sare și nucșoară.

71. Salată de sfeclă (ćwikła)

INGREDIENTE:
- 4 sfeclă
- 2 linguri de hrean
- 1 lingurita zahar
- ⅓ cană (80 ml) oțet de vin
- pătrunjel
- sare si piper

INSTRUCȚIUNI:
a) Curățați sfecla și fierbeți-le în apă aproximativ 30 de minute, sau până când sunt moi. Cand s-au racit, scoate-le si curata-le de coaja.
b) Folosind fantele medii de răzuit, rade sfecla pe răzătoare.
c) Faceți un sos cu hrean, zahăr, oțet, pătrunjel, sare și piper, apoi amestecați cu sfecla cu o furculiță.
d) Pentru a se răci, puneți la frigider pentru aproximativ 2 ore.
e) O ceapă poate fi folosită în locul hreanului.
f) În 1 lingură de ulei de măsline, căliți ușor 1 ceapă tăiată cubulețe. Se amestecă uleiul de măsline și condimentele, apoi se adaugă sosul și ceapa la sfeclă și se amestecă.

72.B varza rosie crescuta cu zmeura

INGREDIENTE:
- de varză roșie feliată subțire
- 8 oz / 225 g de zmeură proaspătă sau congelată
- 4 linguri de unt de cocos
- 3 linguri de făină universală
- 6 boabe de ienupăr
- 1/4 linguriță ienibahar măcinat
- 6-8 boabe de piper întregi
- 2 foi de dafin
- 2 linguri de otet
- 1 1/2 cană de apă + încă 1/2 dacă este necesar
- 1/2 cană de vin roșu sec
- Sare si zahar dupa gust

INSTRUCȚIUNI:
a) Taiati varza felii subtiri (folositi robotul de bucatarie pentru o felie uniforma si subtire).
b) Într-o cratiță mare, topește untul de cocos. Adăugați boabele de ienupăr, condimentele, boabele de piper și foile de dafin în timp ce untul de cocos se topește. Cand s-a topit complet, adaugam faina si amestecam pana se omogenizeaza.
c) Adăugați varza, zmeura, oțetul, vinul roșu, 1 1/2 cană de apă și 1 linguriță de sare. Se amestecă bine, se acoperă și se fierbe timp de aproximativ 10 minute la foc mediu scăzut.
d) Gustați după amestecare. Dacă sosul nu este suficient de dulce, adăugați 1 linguriță de zahăr și ajustați sarea după cum este necesar.
e) Gatiti inca 10-20 de minute sau pana cand aromele s-au topit.

73.Salata de telina si portocale

INGREDIENTE:
- 1 rădăcină mare de țelină
- 1 portocală sau 2 mandarine
- ⅓ cană (25 g) nuci tocate mărunt
- ½ cană (125 ml) cremă de nucă de cocos
- sare
- opțional: ⅓ cană (25 g) stafide

INSTRUCȚIUNI:
a) Folosind fantele medii de răzuit, radeți rădăcina de țelină.
b) Curățați portocalele sau mandarinele și tăiați-le în bucăți de un sfert de inch (6 mm).
c) Amestecați țelina, portocalele și nucile împreună cu o furculiță, apoi adăugați crema de cocos.
d) Se pune un praf de sare dupa gust. Puteți adăuga stafide dacă doriți.

74.Salata de legume

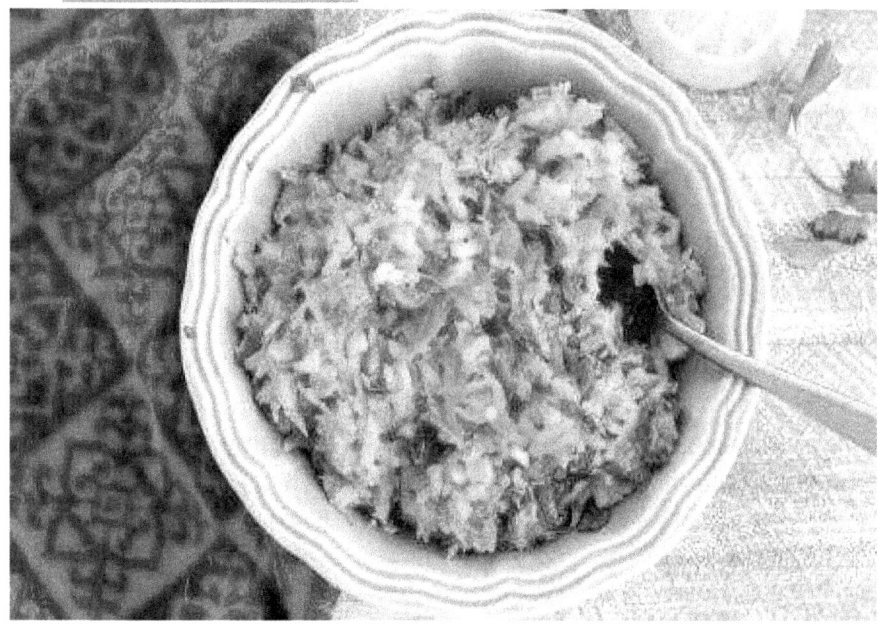

INGREDIENTE:
- 5 morcovi fierti
- 2 rădăcini de pătrunjel fierte
- 5 cartofi fierti (optional)
- 1 rădăcină mică de țelină fiartă (aproximativ 15 dg)
- 5 castraveți murați
- 2 mere
- 1 conserva mica de porumb (optional)
- 1 conserve de mazăre verde
- 1 lingura de mustar
- sare, piper, patrunjel, marar

INSTRUCȚIUNI:
a) Clătiți și gătiți legumele fără a le curăța (fiecare individual); se răcește și se decojește.
b) Scoateți miezul de la mere și curățați-le de coajă.
c) Tăiați legumele, murăturile și merele în pătrate mici cu un cuțit ascuțit. Ceapa verde trebuie tocata si mazarea trebuie strecurata. Se condimentează cu sare și piper.
d) Presărați pătrunjel și mărar peste salată. Lăsați o oră pentru preparare.
e) Garnitură

75. Varză roșie dulce-acrișoară

INGREDIENTE:
- 3 căni de varză roșie mărunțită
- ½ cană de măr cu tartă decojit și tocat, cum ar fi Granny Smith
- 2 căni de apă clocotită
- 1 lingura concentrat de suc de mere
- ½ linguriță de ienibahar măcinat
- 4 linguri de otet

INSTRUCȚIUNI:
a) Într-o oală mare, combinați toate ingredientele.
b) Se aduce la fierbere rapid, apoi se reduce focul la mic și se fierbe până când varza este moale, aproximativ 20 de minute.

DESERTURI

76.Jablečný Závin (strudel cu mere)

INGREDIENTE:
- 4 mere mari, decojite și tăiate felii
- 1 cană zahăr
- 1 lingurita scortisoara
- 1/2 cană stafide
- Foi de patiserie Filo
- unt (topit)
- Firimituri de pâine

INSTRUCȚIUNI:
a) Amesteca merele, zaharul, scortisoara si stafidele intr-un castron.
b) Așezați foile filo pe o suprafață curată, ungeți cu unt topit.
c) Se presară pesmet pe foi, apoi se adaugă amestecul de mere.
d) Rulați foile, bagând marginile.
e) Ungeți blatul cu mai mult unt topit și coaceți până devine auriu.

77.Tort bundt cu drojdie de dovleac

INGREDIENTE:
- 1 cană mousse de dovleac
- 2½ căni de făină de speltă simplă sau de făină de prăjitură de grâu
- ½ cană de lapte vegetal pe bază de plante
- 7 grame drojdie uscată
- ½ cană de zahăr din trestie sau orice alt zahăr nerafinat
- zeama si coaja de la 1 lamaie
- 1 lingura ulei de cocos lichid
- 1 cană de merișor uscat

INSTRUCȚIUNI:
a) Combinați făina, drojdia, zahărul și merisoarele într-un castron.
b) Într-o cratiță mică, încălziți încet mousse de dovleac, laptele vegetal, zeama și coaja de lămâie și uleiul de cocos. Frământați ingredientele umede în aluat. Acest lucru ar trebui să dureze aproximativ 8 minute.
c) Se presara un strat subtire de faina pe forma de tort Bundt si se unge. Amplasați aluatul în tavă, acoperiți-l și lăsați-l deoparte să crească timp de 1 oră într-un loc cald.
d) Preîncălziți cuptorul la 180°C/350°F și coaceți timp de 35 de minute (până când o frigărui de lemn iese curată).

78.Napolitane

INGREDIENTE:
- 5 napolitane dreptunghiulare mari
- ½ kilogram gem de coacaze negre
- 3 cani de naut fiert (mai mult sau mai putin 1 cana uscata)
- 1 cutie de lapte de cocos pe bază de plante
- 1 lingurita extract de vanilie
- 2 linguri de zahar din trestie
- 2 linguri cacao
- 200 grame ciocolată neagră (70% cacao)

INSTRUCȚIUNI:

a)   Deschideți cutia de lapte de cocos pe bază de plante și îndepărtați partea solidă albă. Aduceți-l la fiert într-o cratiță. Se ia de pe foc si se adauga ciocolata, cacao, extractul de vanilie si zaharul.

b)   Se amestecă până când toate ingredientele s-au topit. Amestecați năutul complet.

c)   Așezați foaia de napolitană pe o bucată de lemn. Se acopera cu jumatate din crema si cu cealalta napolitana.

d)   Ungeți pe ea jumătate din dulceață. Repetati cu restul de smântână, dulceață și foile de napolitană. Apăsați ușor butonul.

e)   Se lasa deoparte 4-5 ore la frigider.

f)   Tăiați în bucăți mici.

79.plăcintă cu mere de sărbători

INGREDIENTE:
- 3 căni de făină de speltă simplă sau de făină de grâu simplă
- 2 linguri plate de amidon
- 2 linguri plate de zahăr pudră nerafinat
- 50 de grame ulei de cocos lichid
- 15 linguri de apă rece
- 2 kilograme de mere de gătit
- 1 lingurita scortisoara
- 1 lingurita cardamom macinat
- 1 cană stafide
- 1 cană nuci
- 1 cană pesmet

INSTRUCȚIUNI:

a) Combinați cu grijă făina, amidonul, zahărul pudră și uleiul de cocos. Adăugați câte o lingură de apă, amestecând sau frământând aluatul după fiecare adăugare. Frământați aluatul până devine elastic și neted după ce toate ingredientele au fost amestecate.

b) Separați aluatul în două jumătăți egale. Una dintre ele trebuie întinsă pe o foaie de hârtie de copt de 20 x 30 cm/8 x 12 inci. Înțepați aluatul de mai multe ori cu o furculiță, puneți-l pe o tavă de copt și lăsați-l la rece timp de 30 de minute. Puneți restul de aluat la congelator pentru 45 de minute.

c) Scoateți tava din frigider și coaceți la 190°C timp de 15 minute. Permite-ți să te relaxezi. Între timp, pregătiți merele.

d) Curățați merele și îndepărtați miezul. Folosind o răzătoare sau o felietoare de mandolină, rade brânza. Combinați scorțișoara, stafidele și nucile tăiate gros într-un castron. Puteți adăuga miere dacă merele sunt prea acre.

e) Se împrăștie uniform pesmetul pe baza pe jumătate coaptă. Merele ar trebui apoi să fie împrăștiate pe aluatul foietaj.

f) Peste mere se pune aluatul congelat si se rade. Preîncălziți cuptorul la 180°C/350°F și coaceți timp de 1 oră.

80. Biscuiți din turtă dulce de cartofi

INGREDIENTE:
- ½ kg de cartofi decojiti
- 5 linguri ulei de cocos lichid
- ½ cană sirop de curmale sau alt sirop
- 2 lingurite de bicarbonat de sodiu
- 2½ căni de făină de speltă simplă sau de făină de grâu simplă
- ½ cană amidon
- 4 linguri condimente de turtă dulce
- 1 lingura cacao

INSTRUCȚIUNI:
a) Gatiti cartofii pana devin moale, apoi raciti si oreziti-i cu o masina de macinat de cartofi. Combinați siropul de curmale și uleiul de cocos într-un castron.

b) Într-un lighean separat, combinați făina, amidonul, bicarbonatul de sodiu și condimentele de turtă dulce. Framantam aluatul dupa adaugarea lichidelor.

c) Pudrați o placă de patiserie sau un covoraș de patiserie cu făină și întindeți aluatul la o grosime de aproximativ 5 mm.

d) Cu ajutorul tăietorilor de biscuiți, decupați diferite forme. Preîncălziți cuptorul la 170°C/325°F și coaceți timp de 10 minute. Se lasa sa se raceasca si se decoreaza dupa preferinta.

81. Tocană de prune

INGREDIENTE:
- 2 lb (900 g) prune proaspete
- opțional: ¾ cană (170 g) zahăr

INSTRUCȚIUNI:
a) Clătiți prunele și îndepărtați sâmburele.
b) Aduceți prunele la fiert într-o cantitate mică de apă (doar cât să le acopere) și amestecați din când în când.
c) Zahărul poate fi adăugat după două ore pentru o aromă mai dulce.
d) Când tocanita s-a îngroșat și cea mai mare parte a apei s-a evaporat, se toarnă în borcane de sticlă și se păstrează într-un loc răcoros.
e) Spre încheierea timpului de gătire, adăugați nucșoară, suc de lămâie sau scorțișoară pentru un plus de aromă.

82. Marmeladă

INGREDIENTE:
- 2 lb (900 g) fructe proaspete, cum ar fi mere, pere, caise, cireșe și/sau căpșuni
- 1¾ cani (395 g) zahar

INSTRUCȚIUNI:
a) În funcție de fructele sau fructele pe care le folosiți, curățați-le, curățați-le și sâmburele.
b) Se aduce la fierbere o cantitate mică de apă (doar cât să se acopere), amestecând din când în când.
c) Se face piure într-un blender sau se da pe răzătoare pe cele mai mici găuri când fructele sunt fragede.
d) Gatiti la foc mic pana se ingroasa masa, amestecand continuu.
e) Se toarnă în borcane de sticlă și se păstrează la frigider.

83. Cehul Kisiel

INGREDIENTE:
- 1 kg de fructe (mere, prune, cireșe etc.)
- 2 căni de apă
- 2 linguri de zahar
- 2 linguri amidon de cartofi

INSTRUCȚIUNI:
a) Treceți la pasul 5 dacă aveți deja un kompot pregătit.
b) Spălați și puneți fructele în oală. Merele și perele, de exemplu, trebuie tăiate în bucăți mai mici.
c) Începeți să turnați apa.
d) Se fierbe aproximativ o jumătate de oră la foc mediu. Adăugați puțină dulceață.
e) Scoateți fructele din kompot sau lăsați-le înăuntru.
f) Răciți o jumătate de cană de kompot sau așteptați până se răcește.
g) În oală, există un kompot de fructe.
h) Combinați amidonul de cartofi și kompotul RECE într-un bol de amestecare.
i) Combinați kompotul și amidonul de cartofi într-o ceașcă.
j) Turnați amestecul în kompotul fierbinte rămas, care încă fierbe.
k) Într-o cană, turnați amestecul de amidon în vasul kompot.

84. Budincă cehă cu cremă de vanilie

INGREDIENTE:
- ½ păstaie de boabe de vanilie, poate fi sub formă de ½ linguriță extract de vanilie
- 2 cesti + 2 linguri lapte vegetal
- 5-7 linguri de zahar
- 3 linguri de făină de cartofi, se pot subordona cu făină de porumb sau amidon de porumb
- 3-4 linguri sirop de zmeura, pentru servire, optional

INSTRUCȚIUNI:
a) Tăiați o jumătate de păstaie de vanilie pe lungime și răzuiți fasolea cu un cuțit. Scoateți din ecuație.
b) Aduceți 1,5 căni (350 ml) de lapte vegetal, boabe de vanilie și zahăr la fiert.
c) Amestecați făina de cartofi cu laptele vegetal rece rămas. Amestecați rapid cu un tel pentru a preveni formarea de cocoloașe în laptele pe bază de plante care fierbe.
d) Aduceți la fierbere, apoi fierbeți, amestecând constant, timp de aproximativ 1 minut, sau până când crema se îngroașă.
e) Se toarnă în pahare sau vase individuale de desert după ce l-ai scos de pe foc.
f) Acoperiți cu câteva picături de sirop de zmeură și serviți imediat.

85. Fudge cu cremă cehă

INGREDIENTE:
- 1/2 cană zahăr
- de 2–14 uncii lapte condensat pe bază de plante
- 1/3 cană unt de cocos

INSTRUCȚIUNI:
a) Combinați zahărul și laptele condensat pe bază de plante într-o oală medie. Odată ce începe să fiarbă, reduceți focul la mic și continuați să amestecați ușor și continuu. Se recomandă extremă precauție atunci când amestecați.
b) După 15-20 de minute de fierbere, aduceți amestecul la o temperatură de 225-235°F. Luați tigaia de pe foc și adăugați untul de cocos, amestecând continuu timp de 3 minute.
c) Turnați aluatul în tava pregătită și răciți complet înainte de a da la frigider pentru cel puțin 30 de minute.
d) Scoateți-l din tigaie și tăiați-l în bucăți. Înfășurați hârtie cerată în jurul fiecăruia. Porțiunile împachetate trebuie păstrate într-un recipient acoperit pentru a evita uscarea.

86.ceh Migdale în prune de ciocolată

INGREDIENTE:
- 24 prune uscate, fără sâmburi (prune uscate)
- 24 migdale întregi, prăjite
- 8 uncii chipsuri de ciocolată semidulce
- nuci zdrobite, pentru decorare

INSTRUCȚIUNI:

a) Preîncălziți cuptorul la 350 ° F și tapetați o foaie de copt cu folie de aluminiu sau hârtie cerată.

b) Pune ciocolata la microunde până se topește complet.

c) Continuați să amestecați până când ciocolata devine omogenă, apoi lăsați deoparte să se răcească puțin în timp ce pregătiți prunele uscate.

d) Așezați o migdale în centrul fiecărei prune, câte una pentru fiecare prună.

e) Înmuiați fiecare prună în ciocolată, înecându-l complet.

f) Așezați bomboana pe foaia de copt pregătită și, cât ciocolata este încă umedă, stropiți blatul cu nuci zdrobite dacă doriți.

g) După ce ați așezat toate prunele pe tava de copt, dați la rece timp de 30 de minute pentru a lăsa ciocolata să se întărească înainte de servire.

h) Păstrați la frigider până la o săptămână într-un recipient ermetic.

BĂUTURI

87.Punch de vacanță cehă

INGREDIENTE:
- 1½ oz. susz (vodcă infuzată cu fructe uscate)
- ¾ oz. suc proaspăt de lămâie
- ¾ oz. sirop de artar ghimbir-cardamom
- Ghimbir confiat

INSTRUCȚIUNI:
a) Într-un agitator plin cu gheață, combinați toate ingredientele și agitați energic. Se strecoară într-un pahar cu un cub mare deasupra. Garnitură.
b) Susz: Combinați câte 14 cani mărunțite de mere uscate, pere uscate, caise uscate și prune uscate cu o sticlă de vodcă de 750 ml într-un borcan mare sau alt recipient etanș.
c) Lăsați 24 de ore pentru ca amestecul să se infuzeze înainte de strecurare și depozitare.
d) Ghimbir-cardamom Într-un blender, combinați 14 uncii de sirop de arțar (în greutate), 312 linguri de ghimbir decojit, tocat, 10 păstăi de cardamom și 12 căni de apă caldă. Se amestecă timp de 1 până la 2 minute, apoi se scurge într-un borcan cu o strecurătoare fină.
e) Va rezista 2 până la 3 săptămâni la frigider.

88.Lichior de vișine

INGREDIENTE:
- 2,5 kg vișine
- 2 kg zahar tos
- 1 l vodcă
- 1L spirt rectificat

INSTRUCȚIUNI:
a) Într-o damigă sau un borcan mare de sticlă, combinați cireșele și sâmburii conservați, adăugați zahărul și acoperiți cu o bucată curată de muselină. Puneți deoparte câteva zile într-un loc cald.
b) Se strecoară sucul printr-o sită tapetată cu muselină. Scoateți fructele din domița și puneți-l deoparte.
c) Într-o cratiță se toarnă sucul și se aduce la fierbere. Lăsați timp pentru răcire.
d) Scoateți și aruncați sâmburele de la cireșe. Se toarnă vodca. Acoperiți și păstrați timp de 2 saptămâni într-o zonă întunecată.
e) Într-o sticlă, combinați sucul răcit și alcoolul rectificat. Scoateți din ecuație.
f) Se strecoară cireșele după 2 săptămâni și se combină vodca cu alcoolul rectificat. Umpleți sticle curate cu vin, dopuți-le și lăsați-le deoparte cel puțin 3 luni.

89.Vodcă fiertă

INGREDIENTE:
- 350 g sirop de artar
- 120 ml apă
- 2 pastai de vanilie, despicate pe lungime
- 2 felii subtiri de ghimbir
- 1 lingura scortisoara macinata
- 1/2 lingurita cuisoare macinate
- 1 lingurita coaja de lamaie
- 1 lingurita coaja de portocala
- 1/4 lingurita nucsoara macinata
- 750 ml vodcă

INSTRUCȚIUNI:
a) Combinați siropul de arțar, apa, vanilia, condimentele și coaja de citrice într-o oală. Se aduce la fierbere, apoi se reduce la foc mic timp de 5 minute.
b) Adăugați vodca și încălziți treptat împreună, dar nu fierbeți. Serviți imediat în pahare mici.
c) Dacă se preferă, strecoară amestecul printr-o strecurătoare fină în prealabil.

90.Lichior de prune violet

INGREDIENTE:
- 1 kg prune violet coapte, fără sâmburi
- 1/2 litru de alcool pur rectificat
- 1/2 litru de vodcă
- 300 g zahăr tos

INSTRUCȚIUNI:
a) Puneți prunele într-o damigă din sticlă. Umpleți domița până la jumătate cu spirt rectificat și vodcă, tapeți-o și depozitați-o într-o zonă întunecată timp de 5 săptămâni.
b) Adăugați zahăr după 5 săptămâni și lăsați-l pentru încă 4 săptămâni.
c) Se strecoară lichiorul printr-o sită căptușită cu pânză de muselină; se toarnă în sticle, dopul de plută și se păstrează cel puțin 3 luni într-o zonă întunecată.

91.Bere de ienupăr

INGREDIENTE:
- 2L apa
- 100 g boabe de ienupăr
- 200-250 g sirop de artar
- 1 lingura hamei
- 2 g drojdie de bere sau de vin

INSTRUCȚIUNI:

a) Într-un borcan de sticlă de jumătate de galon, tăiați boabele de ienupăr într-un mojar și combinați cu apă.

b) Folosind o sită cu ochiuri fine, strecoară amestecul. Îndepărtați solidele și aruncați-le.

c) Aduceți amestecul strecurat la fierbere, apoi luați-l de pe foc și adăugați siropul de arțar. Umpleți un borcan curat de jumătate de galon cu lichid pe jumătate.

d) Aduceți 1/2 cană de apă la fiert într-o cratiță mică. Fierbeți timp de 10 minute după adăugarea hameiului. Se strecoară lichidul și se toarnă în borcan.

e) Amestecați drojdia și acoperiți borcanul cu un filtru de cafea sau cu un airlock odată ce lichidul s-a răcit la temperatura camerei.

92. Limonadă cu rubarbă

INGREDIENTE:
- 4 căni de apă
- 1/2 cană sirop de arțar
- 1 kilogram de rubarbă (curățată dacă este necesar, tocată)
- 3 căni de apă fierbinte
- Cuburi de gheata
- Garnitura: felii de portocala sau crengute de menta

INSTRUCȚIUNI:
a) Aduceți 4 căni de apă la fiert într-o oală; se ia de pe foc, se amestecă cu sirop de arțar și se lasă deoparte să se răcească.
b) Intr-un robot de bucatarie, pulsati rubarba tocata pana devine o pulpa.
c) Într-un lighean mediu, turnați cele 3 căni de apă fierbinte peste pulpa de rubarbă și acoperiți.
d) Puneți o sită peste apa cu sirop de arțar din oală. Se strecoară pulpa de rubarbă în amestecul de sirop de arțar-apă folosind o sită. Pentru a combina lichidul de rubarbă și siropul de artar-apa, amestecați-le împreună. Umpleți un ulcior cu apă pe jumătate.
e) Turnați cocktailul în patru pahare înalte umplute cu cuburi de gheață.
f) Serviți cu o felie de portocală sau o crenguță de mentă ca garnitură.

93.Hidrol fierbinte

INGREDIENTE:
- 1/2 cană/120 ml sirop de artar
- 1 cană/240 ml apă
- 3 până la 4 cuișoare
- 6 batoane de scortisoara
- 1 pastaie intreaga de boabe de vanilie (aproximativ 7,5 cm lungime)
- O bandă de 1 inch/2,5 cm coaja portocalie
- 1/4 lingurita nucsoara macinata
- 16 oz/480 ml vodcă

INSTRUCȚIUNI:
a) Aduceți siropul de arțar și apa la fiert într-o cratiță medie, răzuind orice spumă de la suprafață.
b) Puneti oala la fiert, apoi scoateti cuisoarele, batoanele de scortisoara, pastaia de boabe de vanilie si coaja de portocala. Se lasă să stea 1 sau 2 minute înainte de a se întoarce la fierbere.
c) Se ia de pe foc, se acopera si se lasa sa se infuzeze cel putin 30 de minute. Aduceți din nou la fierbere după ce ați strecurat printr-o sită cu plasă fină sau printr-o sită normală căptușită cu un filtru de cafea.
d) Adăugați vodca la amestec. Se amestecă bine și se servește imediat.

94.Cafea cehă

INGREDIENTE:
- 6 oz cafea fierbinte
- 3 oz lichior de ciocolată dublă Dorda
- Frisca pentru ornat

INSTRUCȚIUNI:

a) Într-o cană de sticlă, combinați cafeaua fierbinte proaspăt preparată și lichiorul de ciocolată dublă Dorda. Terminați cu o praf de frișcă proaspăt bătută.

b) Ornați cu niburi de cacao, boabe espresso acoperite cu ciocolată sau ciocolată rasă, dacă doriți.

95. Răcitor de lămâie și castraveți

INGREDIENTE:
- Gheata zdrobita
- 1 castravete Kirby mic
- ½ lămâie mică
- 2 linguriţe de zahăr
- 1/2 linguriţă de ghimbir proaspăt ras
- Apa Seltzer
- Vodcă Zubrowka Bison Grass

INSTRUCŢIUNI:
a) Umpleţi ambele borcane de zidărie cu gheaţă pisată până la 34% din capacitate. Castraveţii trebuie tăiaţi în rondele subţiri. Împărţiţi amestecul între cele două borcane mason. În fiecare borcan de zidărie, adăugaţi 1 linguriţă de zahăr.
b) Stoarceţi o jumătate de lămâie în fiecare dintre cele două borcane mason. Pentru a le folosi ca garnitură, tăiaţi două cercuri din jumătatea rămasă de lămâie.
c) În fiecare borcan de zidar, turnaţi 1,5 uncii de Zubrowka. Înainte de a turna sifonul club, adăugaţi un sfert de linguriţă de ghimbir în fiecare cană. Umpleţi paharul până la jumătate cu apă seltzer. Savuraţi cu o felie de lămâie ca garnitură!

96.Ciocolată caldă cehă

INGREDIENTE:
- 2 căni de lapte vegetal
- 1 cană jumătate și jumătate
- 6 linguri de zahar
- ¼ cană kakao ceh sau altă cacao naturală de bună calitate
- 3,5 oz. ciocolata neagra de buna calitate

INSTRUCȚIUNI:
a) Într-o tigaie medie la foc mediu, combinați toate ingredientele (cu excepția ciocolatei negre) într-o tigaie de dimensiune medie.
b) Aduceți la fierbere lent, amestecând în mod regulat. Se reduce la foc mic și se fierbe timp de 4 minute, amestecând des. Pentru a evita un boil-over, urmăriți cu atenție situația.
c) Se amestecă ciocolata neagră până se topește complet. Gatiti inca unul sau doua minute. Bateți ușor ingredientele împreună.

97.Cireașă Martini

INGREDIENTE:
- 1 pachet de 3,4 oz budincă instantă de vanilie franceză
- 4 căni de lapte vegetal , împărțit
- 1/2 lingurita nucsoara macinata
- OPTIONAL: rom, extract de rom si frisca

INSTRUCȚIUNI:
a) Folosind 2 căni de lapte vegetal, faceți budincă instant conform instrucțiunilor de pe ambalaj .
b) Adăugați în amestec 2 căni de lapte vegetal și nucșoară rasă.
c) Adăugați 2 lingurițe extract de rom dacă doriți.

98.Potârnichie Într-un Par

INGREDIENTE:
- 2 uncii de nectar de pere
- 1 uncie Crown Royal sau Whisky de secară
- 2 uncii Ginger Ale sau pentru a completa paharul
- Gheață
- Pare pentru decor optional

INSTRUCȚIUNI:
a) Într-un pahar, umpleți 1/4 din drum cu gheață.
b) Adăugați nectar de pere și Crown Royal.
c) Completați cu ginger ale.
d) Se amestecă bine.
e) Se ornează cu două felii subțiri de pere.

99.Cordial de căpșuni cehe

INGREDIENTE:
- 2 1/2 kilograme de căpșuni, spălate și decojite
- 1 litru de vodcă de bună calitate
- 2 căni de zahăr

INSTRUCȚIUNI:
a) Într-un recipient mare de sticlă sterilizat, combinați căpșunile și vodca. Sigilați și păstrați timp de o săptămână într-un loc întunecat și răcoros.

b) După 1 săptămână, strecoară vodca printr-o strecurătoare, păstrând căpșunile și se toarnă într-un recipient de sticlă curat și dezinfectat.

c) Se amestecă zahărul cu căpșunile, apoi se transferă într-un recipient de sticlă curat, sterilizat și se sigilează. Timp de 1 lună, păstrați ambele recipiente într-un loc întunecat și răcoros.

d) După 1 lună, combinați amestecul de căpșuni cu vodca, strecurați și turnați într-un recipient de sticlă curat și sterilizat.

e) Sigilați și păstrați timp de câteva luni într-o zonă rece și întunecată.

100.Vodcă cehă cu ananas

INGREDIENTE:
- 1 kilogram de sulițe sau bucăți de ananas proaspăt
- 1 litru de vodcă
- 1 1/4 cani de zahar
- 1/4 cană apă

INSTRUCȚIUNI:
a) Puneți ananasul într-un borcan(e) și umpleți cu vodcă; se acoperă și se păstrează în cămară timp de 2 luni.
b) Se strecoară și se filtrează printr-un filtru de cafea sau printr-o strecurătoare căptușită cu prosop de hârtie.
c) Faceți un sirop de zahăr și apă; se adaugă la vodca cu ananas.

CONCLUZIE

În timp ce încheiem călătoria noastră aromatică prin „Aroma bucătăriei cehe", sperăm că ați experimentat bucuria de a explora mirosurile și aromele care definesc bucătăriile boeme. Fiecare aromă din aceste pagini este o sărbătoare a tradițiilor reconfortante, căldurii și moștenirii culinare care fac din bucătăria cehă o experiență unică și încântătoare - o dovadă a bucuriei care vine cu fiecare fel de mâncare.

Indiferent dacă ați savurat aroma savuroasă a gulașului, ați îmbrățișat dulceața kolaches-ului sau v-ați bucurat de parfumul produselor de patiserie proaspăt coapte, avem încredere că aceste arome v-au aprins aprecierea pentru mirosurile diverse și îmbietoare ale gătitului ceh. Dincolo de ingrediente și tehnici, „Aroma Bucătăriei Cehe" poate deveni o sursă de inspirație, conexiune cu tradițiile culturale și o sărbătoare a bucuriei care vine cu fiecare creație aromată.

Pe măsură ce continuați să explorați lumea bucătăriei cehe, această carte să vă fie tovarășul de încredere, ghidându-vă printr-o varietate de arome care prezintă bogăția și mirosurile îmbietoare ale bucătăriilor boeme. Iată pentru a savura parfumurile încântătoare, a recrea aromele tradiționale și a îmbrățișa bucuria care vine la fiecare mușcătură. Dobrou chuť! (Poftă bună!)

www.ingramcontent.com/pod-product-compliance
Lightning Source LLC
Chambersburg PA
CBHW071849110526
44591CB00011B/1359